¡Lidera tu interior!

Coordinación editorial:
DÉBORA FEELY

Diseño de tapa:
DCM DESIGN

ALFREDO DIEZ

¡Lidera tu interior!
Siete prácticas para alcanzar
el equilibrio personal

Cómo ser tu propio coach

GRANICA

BUENOS AIRES - MÉXICO - SANTIAGO - MONTEVIDEO

ARGENTINA
Ediciones Granica S.A.
Lavalle 1634 3° G / C1048AAN Buenos Aires, Argentina
Tel.: +54 (11) 4374-1456 Fax: +54 (11) 4373-0669
granica.ar@granicaeditor.com
atencionaempresas@granicaeditor.com

MÉXICO
Ediciones Granica México S.A. de C.V.
Valle de Bravo N° 21 El Mirador Naucalpan Edo. de Méx.
(53050) Estado de México - México
Tel.: +52 (55) 5360-1010 Fax: +52 (55) 5360-1100
granica.mx@granicaeditor.com

URUGUAY
Ediciones Granica S.A.
Scoseria 2639 Bis
11300 Montevideo, Uruguay
Tel: +59 (82) 712 4857 / +59 (82) 712 4858
granica.uy@granicaeditor.com

CHILE
granica.cl@granicaeditor.com
Tel.: +56 2 8107455

ESPAÑA
granica.es@granicaeditor.com
Tel.: +34 (93) 635 4120

www.granica.com

Diez, Alfredo
    ¡Lidera tu interior! : siete prácticas para alcan-
zar el equilibrio personal : cómo ser tu propio
coach . - 1a ed. - Buenos Aires : Granica, 2012.
    200 p. ; 22x15 cm.

    ISBN 978-950-641-632-4

    1. Coaching. I. Título
    CDD 158.1

A Leonor

No se puede lograr el equilibrio personal sin estar comprometidos en la práctica intensa de los valores que inspiran la armonía y la plenitud vital.

Alfredo Diez

ÍNDICE

PREFACIO

Me complace compartir con el lector las particulares claves en forma de **prácticas** que he diseñado con el fin de acompañarlo en su particular camino y contribuir con ello a que pueda desarrollar nuevas y efectivas habilidades que le permitan **lograr un equilibrio integral**.

Ese equilibrio representa para mí una fundamental conquista del individuo, ya que una vez que lo ha alcanzado, disfruta de una visión más amplia de la existencia. Y si uno llega a ese punto en que comienza a relativizar las cosas con una mirada holística y a vivir su camino como un tránsito y no como un fin, es allí donde reside su ansiado equilibrio.

Estoy convencido de que este "éxito" es el resultado de haber caminado con seguridad por la senda de nuestro propio desarrollo personal, y que llegará solo cuando hayamos sabido transmitir a nuestro entorno aquel saber estar y seguridad personal que hemos conquistado. Esto es, cuando nuestros actos sean una prolongación viviente de nuestros más puros valores.

Porque no es posible el verdadero equilibrio en el mundo social y profesional si antes no lo hemos logrado en nuestro mundo personal, si antes no hemos reconocido y legitimado a ese líder interno que en definitiva es el que gobierna nuestra vida.

El equilibrio vital se producirá solo cuando hayamos podido transitar el camino que nos **llene primero de energía** para luego **depositar esa energía** en los demás.

Como decía la Madre Teresa: "Debes echarle aceite regularmente a la lámpara para que esta siga iluminando". La única posibilidad que tenemos de brindarnos a los demás es cuando nosotros mismos estamos equilibrados y tenemos algo que aportar.

La vida es un sistema energético, por lo tanto debemos cargarnos de energía en forma de **autoconocimiento**, **aprendizaje** y **compromiso** para luego dar al mundo y a nuestro entorno personal esa energía en forma de **gratitud**, **afecto** y **servicio**.

Poseer esa energía será posible solo si practicamos intensamente y desde la conciencia; por ello, cuando en el subtítulo del libro hablo de "prácticas", me estoy refiriendo a aquel comportamiento que supone un gran compromiso personal de entrenamiento continuo e intenso en el cumplimiento y seguimiento de estas particulares claves de vida.

Solo con su constante práctica estas premisas se transformarán para nosotros en nuestra **identidad personal**, la que nos conducirá hacia el equilibrio y el éxito, dos elementos determinantes de una vida plena.

Mi intención, por tanto, no es otra que compartir mis reflexiones y, si se me permite, intentar en la medida de mis fuerzas ayudar a quienes, conscientes del interesante camino de crecimiento que tienen por delante, se enfrenten con coraje y valor al desafío que supone escribir día a día el guión de sus vidas.

Porque ellos solo podrán lograr su propio equilibrio y liderazgo personal si saben que, en el fondo, la carrera de la vida no la gana el que supera a los demás, sino el que, con esfuerzo y perseverancia, logra superarse a sí mismo.

ALFREDO DIEZ

INTRODUCCIÓN

1. Descubrir nuestro líder interior

*La responsabilidad más importante de
cualquiera que intente dirigir lo que sea, es
gestionarse a sí mismo como persona.*
Dee Hook

El que quiera alcanzar un objetivo, sea cumplir un sueño postergado, sacar adelante a su familia o ser líder de una empresa, debe ser primero un buen gestor de su propia persona para, luego, tener éxito en su empeño.

Resulta muy útil disponer de una gran cantidad de habilidades y herramientas que nos permitan triunfar en el mundo social y empresarial, pero el caso es que estas técnicas de nada nos valdrán si no hemos alcanzado antes la armonía y la efectividad interior en todos los ámbitos humanos, desde la familia y los amigos, hasta los compañeros de trabajo y los clientes.

Con curiosa coincidencia, los resultados que obtenemos como consecuencia de nuestras acciones o conductas son el reflejo de nuestros pensamientos. Por eso, la mejora de nuestro rendimiento y la posibilidad de ser "líderes internos" se producirá solo cuando hayamos enriquecido nuestros modelos mentales, y generado así nuevos y mejores resultados.

Pero si estamos desequilibrados internamente, nuestro rendimiento no será el esperado. Por eso es fundamental darle una especial relevancia al estado emocional del individuo, o como indica el término inglés *inner*, al adversario que llevamos dentro de nosotros mismos.

Sabemos que todos llevamos dentro de nosotros a un adversario. En realidad, ese rival somos nosotros mismos, cuando boicoteamos constantemente nuestros proyectos y pensamientos positivos.

Y de la misma forma en que un entrenador consigue que su pupilo elimine y controle los obstáculos internos que le impiden alcanzar su nivel óptimo de rendimiento, podemos también nosotros manejar y controlar nuestros pensamientos para liberar nuestro potencial y mejorar el propio rendimiento.

Por ello, el trabajo personal que debemos realizar se basa en enriquecer nuestro modelo mental, incrementando el nivel de conciencia que nos facilite el paso a la acción. Esta tarea supone un autoaprendizaje: esto es, aprender por uno mismo, más que ingerir una dosis excesiva de conocimiento externo.

Entonces, lo primero en lo que debemos poner atención es nuestra propia forma de pensar y actuar, porque si no podemos gestionarnos efectivamente a nosotros mismos, difícilmente lo podremos hacer con nuestra familia, amigos o empresa.

Es así de simple: el individuo debe primero estar motivado y comprometido con su propio desarrollo emocional, porque solo cuando haya alcanzado la victoria sobre sí mismo podrá dejar de ser su principal estorbo o enemigo, para empezar a ser un verdadero líder, su propio líder, su "líder interior".

2. Encontrar el equilibrio

> *El mundo es una fuerza*
> *en desequilibrio permanente, de la que*
> *el hombre es parte.*
> Friedrich Nietzsche

Podemos ver el significado de la palabra "equilibrio" remontándonos a la antigua Grecia, donde Némesis, hija de Nix, la diosa Noche, personificaba la venganza divina, encargada de castigar a quienes caían en la desmesura, una de las grandes faltas para los griegos. La desmesura o *hybris* era un falso exceso de felicidad, de orgullo, de soberbia, y todo lo que representara exageración o abuso.

Esta venganza divina encuentra su explicación en la cosmovisión que tenían los griegos, para quienes el equilibrio en todas las cosas era lo más importante. Cuando este se rompía se ponía en peligro el orden del cosmos, por lo que era necesario el castigo para mantener al mundo tal y como debía ser. Acorde con esta manera de conducir la vida de los hombres, Némesis participó en muchas historias, siempre con la intención de mantener el preciado equilibrio de los griegos.

Tiempo después, el oráculo griego de Delfos fue conocido por los romanos no solo por su ancestral y famosa frase que instaba al hombre a "conocerse a sí mismo", sino también por otra gran frase que indicaba el camino de la mesura y de la armonía interna: "No hagas nada en exceso", expresando con estas palabras la necesidad de moderación, cordura y prudencia en todos los aspectos de la vida.

Y entonces, ¿qué es el equilibrio?

El concepto de "equilibrio" sintetiza los principios esenciales de una vida armoniosa y feliz. Es algo así como la clave de un comportamiento adecuado, de una buena vida. Supone la posesión de una clara ecuanimidad de carácter junto a una sobria sensatez en los actos y una sólida mesura en los juicios.

Sin embargo, el equilibrio no se reduce a unas pocas cualidades humanas, sino que es el difícil arte de conciliar con éxito las distintas áreas de nuestra vida, empleando dichas cualidades.

Esas áreas de la vida son el cuerpo físico, el espíritu y la psique humana. Tres zonas en las que debemos poner nuestra atención y cuidado si es que pretendemos abrirnos paso en este complejo mundo y salir indemnes. Porque, como dice Krishnamurti, " el cuerpo es el instrumento de la mente; pero el cuerpo, las emociones y la mente componen el ser humano total y, a menos que vivan armoniosamente, el conflicto será inevitable".

¿Existe algún criterio contrastado para determinar si un individuo es equilibrado o no?

Un postulado consiste en establecer el equilibrio desde la óptica de la razón contrapuesta a la de la pasión. Esto surge por el hecho de que en la vida no solo existe la fría razón, sino que es imprescindible dejar espacio, también, para la pasión y la emoción.

Podemos entonces preguntarnos: ¿quién es más equilibrado, el que actúa racionalmente o aquel que lo hace guiado por la pasión?

Ninguno de los dos. Porque en realidad no existen fórmulas, sino distintos puntos de vista, y uno de ellos es el que sostiene que el equilibrio se logra justamente cuando sabemos en qué momentos hemos de actuar con razón y en qué otros con pasión.

Tener momentos de incertidumbre o desequilibrio interno, ¿es malo?

Todo lo contrario, es bueno y necesario, ya que el equilibrio no es solo el logro de la armonía entre la razón y la pasión, sino que es parte de un camino interno de autoconocimiento que se produce cuando la vida nos va poniendo en situaciones que nos hacen movernos de nuestro centro hacia un lado y otro, porque en ese movimiento oscilante es donde descubrimos nuestra propia "búsqueda de equilibrio" como forma de crecimiento, y no como un sufrimiento más.

Será malo, en cambio, si se transforma en una situación estática y duradera ya que, si así sucede, lejos de beneficiarnos nos perjudicará.

Así es como muchas veces buscaremos el desequilibrio en forma intencional, para emerger luego más sabios. Porque si estamos más cerca de nuestro centro, lo que Jung llamaba el "sí mismo", los momentos de desequilibrio serán una oportunidad para nuestro crecimiento. Por ello, para Perls, el creador de la psicoterapia gestáltica, la persona está buscando continuamente el desequilibrio, como forma de crecer y de conocerse a sí misma.

¿Existe una fórmula única para alcanzar el equilibrio?

Esta es una pregunta muy compleja. No debemos buscar respuestas únicas, ya que no existen fórmulas mágicas para el equilibrio. No existe un punto medio ideal, porque la realidad del universo nos muestra constantemente su dualidad. Por cada aspecto positivo que se percibe y disfruta, hay otro negativo para equilibrar la balanza.

Sobre esta dualidad y coincidencia de los opuestos, Heráclito escribió: "La enfermedad hace que la salud resulte buena y agradable"; lo que podría muy bien haber sido pensado por Lao Tse, quien consideraba que lo difícil y lo fácil se definen mutuamente. Tanto los pensadores de la antigua Grecia como los de la antigua China sostenían como concepto central la interconexión de los opuestos, y su mutua dependencia y complemento. No existe el blanco o el negro absolutos, nada es bueno o malo por sí mismo. Este es uno de los conceptos del equilibrio: la dualidad.

El motivo por el que algunas personas olvidan este principio de dualidad es el afán de encontrar fuentes de satisfacción fuera de sí mismas. Desean creer que ese nuevo trabajo, ese flamante coche o la casa de ensueño que se están construyendo les va a dar la felicidad. Después, a medida que van descubriendo aspectos desagradables del trabajo, del coche o de la casa, se sienten decepcionadas.

Cualquier situación de la que no logremos ver los dos lados nos gobernará la vida. Cuando solo vemos lo bueno, nuestra percepción está sesgada, desequilibrada. En cambio, cuando la vemos en su totalidad, es decir con las cosas que nos gustan y las que no nos gustan, tenemos más posibilidades de experimentar una relación en verdad satisfactoria.

Muchas veces, el hecho de no poder ver colmadas nuestras expectativas nos produce un amargo resentimiento, sin advertir que este se debe a nuestros propios juicios erróneos y a nuestro desequilibrado razonamiento sobre las cosas sin adecuación a la dualidad. Por todo ello, debemos entender que este principio de dualidad es la esencia misma de un pensamiento equilibrado.

3. La inteligencia emocional nos define

*Nuestros sentimientos nos definen
en forma más directa y completa que nada,
por ello cuando nos volvemos más genuinos
en la expresión emocional, es cuando cambia
la percepción que la gente tiene de nosotros.*
Dr. David Viscott

Es una realidad el hecho de que las emociones influyen en nuestra vida de relación, en la forma de trabajar y en el rendimiento, pero son pocas las personas que las tienen en cuenta al establecer relaciones, crear equipos de trabajo, definir objetivos o plantearse proyectos.

Hasta hace poco las emociones eran consideradas por las empresas como un tema tabú. Se esperaba que las personas fueran a trabajar dejando sus problemas en casa.

Sin embargo, la realidad es otra: las emociones, positivas y negativas, van de casa a la oficina y de la oficina a casa. Y si hasta ahora esto no se había tenido en cuenta era porque no existían herramientas para diagnosticar, medir y gestionar las emociones en el entorno laboral.

Actualmente se cuenta con herramientas de vanguardia para analizar las competencias emocionales, y a partir de ellas he diseñado diferentes cursos y seminarios para aprender y entrenar dichas competencias, verificadas como fundamentales a la hora de maximizar nuestro rendimiento personal y profesional.

La formación que imparto se sustenta en un principio básico: lo que distingue a los mejores y más efectivos individuos no son ni sus conocimientos, ni su experiencia o habilidades técnicas, sino la capacidad de fusionar estos aspectos con la comprensión y apreciación de las emociones humanas, y la facultad de utilizar esa comprensión para gestionar sus propios recursos y los de aquellos que los rodean.

Pero, ¿qué es la inteligencia emocional?

La inteligencia emocional está vinculada a las aptitudes que implican habilidad a la hora de gestionar y regular las emociones de uno mismo y de los demás, las que a su vez pronostican un rendimiento superior en el entorno personal y laboral.

Según *The Emotional Intelligence Quickbook* la inteligencia emocional es la habilidad para reconocer, entender y manejar las emociones en nosotros, y en la interacción con otros.

Los últimos descubrimientos realizados por Daniel Goleman y el Consorcio para la Investigación sobre Inteligencia Emocional en Organizaciones (Consortium for Research on Emotional Intelligence in Organizations) nos indican claramente que la inteligencia emocional (IE) es el factor de éxito más importante en cualquier carrera, más que el cociente intelectual (CI) o la pericia técnica. De hecho, la IE es responsable de entre el 85 y el 90% del éxito de los líderes de las organizaciones.

De allí que en la actualidad el mundo empresarial tiene muy en claro que el estilo tradicional de dirección basada en la imposición de autoridad (orden, control y castigo) ha pasado de moda después de haberse constatado su ineficacia. Esto significa que se acabó el "aquí mando yo" como modelo de liderazgo. Las empresas necesitan directivos gerenciales que sepan estimular y dar ejemplo a sus subordinados. Y esas habilidades solo se logran con un gran manejo de las competencias emocionales básicas.

La IE viene entonces a cumplir una invalorable función al apoyar el desarrollo personal, la carrera profesional y la satisfacción personal del individuo.

El doctor Kenneth M. Nowack, psicólogo norteamericano de gran prestigio internacional y figura destacada en el campo de la investigación de los recursos humanos, lleva más de veinte años desarrollando y validando herramientas, evaluaciones del desempeño y tests de IE.

Nowack ha definido 17 competencias emocionales básicas que siguen la línea del doctor Goleman y que se dividen en tres áreas diferenciadas: la autogestión, la gestión de las relaciones y la comunicación. Estas son las competencias con las que trabajo en mis seminarios y cursos:

- Dentro de la **autogestión**, es decir la gestión de nuestras propias emociones, tenemos competencias emocionales como:

  1. Autodesarrollo
  2. Adaptabilidad y tolerancia al estrés
  3. Autocontrol
  4. Confianza
  5. Resolución estratégica de problemas
  6. Orientación al logro

• Dentro de la aptitud del individuo en la **gestión de las relaciones** con las demás personas, están competencias como:

1. Liderazgo e influencia
2. Sensibilidad interpersonal y empatía
3. Apoyo interpersonal
4. Colaboración
5. Construcción de relaciones estratégicas
6. Gestión de conflictos

• Y finalmente, en el área específica de la **comunicación** tenemos competencias como:

1. Comunicación escrita
2. Feedback (retroalimentación) bidireccional
3. Comunicación oral
4. Presentación oral
5. Escucha

A partir del momento en que nos familiaricemos con estas competencias emocionales, nos será posible identificar en los relatos de este libro cuáles son las que entran en juego en cada ocasión.

Así, analizando las distintas emociones que se entrelazan en las historias, podremos alcanzar grandes beneficios para nosotros mismos:

• Contar con un mayor conocimiento propio.
• Adquirir una total conciencia de la fuerza y el alcance que tiene la diversidad humana.
• Comprender la importancia de la IE en nuestra vida.
• Saber cómo identificar las distintas competencias emocionales.
• Obtener mayor comprensión de las personas que nos interesan.

• Lograr nuevas ideas para manejar nuestras propias emociones en todas las áreas de la vida: afectiva, familiar, social y laboral.

Por ello, es necesario comprender la importancia de la inteligencia emocional en el dominio y liderazgo de nuestra propia vida. Tanto es así, que Daniel Goleman afirma que las personas con habilidades emocionales bien desarrolladas tienen más probabilidades de sentirse satisfechas y ser eficaces en su vida que aquellos que no pueden poner orden en su vida emocional y, como consecuencia, libran batallas interiores que sabotean su capacidad de concentrarse en el trabajo y pensar con claridad.

4. ¿Por qué siete?

Los carpinteros dan forma a la madera,
los flecheros dan forma a las flechas,
los escultores dan forma a la piedra y los sabios
se dan forma a sí mismos.
Siddharta Gautama (el Buda)

La Biblia nos dice que Dios creó el mundo y descansó el séptimo día, pero antes lo santificó. Posteriormente, cuando Dios decide limpiar el mundo de su maldad, le indica a Noé que tome siete parejas de cada especie para preservarlas y que las lleve al arca, y el séptimo día después del último aviso divino se produce el gran diluvio. El arca navegó sin rumbo hasta que el séptimo mes reposó en tierra firme. Luego Noé envió una paloma que tardó siete días en volver.

En otro episodio de la historia, cuando Josué intenta atacar Jericó, Dios le indica que siete sacerdotes tocaran siete cuernos de carnero durante seis días y que en el séptimo día dieran siete vueltas a la ciudad tocando los cuernos. Y así se desplomaron los muros de la ciudad.

El número siete siempre ha ocupado un lugar importante en la simbología y cabalística de los números. En realidad, son muchas las circunstancias en que el número siete aparece en el transcurso del desarrollo de la humanidad, y en casi todas ellas surge como un número divino, símbolo de perfección para todas las grandes religiones y doctrinas del mundo. Así, de forma similar, encontraremos el número siete como una constante sagrada para los designios de Dios en la Tierra.

Hallamos también el siete en el hinduismo, en sus siete ramas del saber, e incluso se sabe que para sus practicantes existen siete centros de peregrinación o siete ciudades sagradas. Igualmente, los *chacras* o centros de energía que se encuentran en el cuerpo del ser humano, según los hindúes, son siete.

En el antiguo Egipto dividían el cielo en siete partes. Luego, la *doctrina hermética* también se hallaba regida por siete principios; de la misma manera, los masones y los rosacruces consideran el siete de forma especial entre sus tradiciones y costumbres.

Así tenemos también los días de la semana, de *set* (siete) *mana* (días), que ya desde la antigüedad siempre fueron siete.

Muchos de los principios rectores del universo también se basan en este número: los siete colores del arco iris, las siete notas musicales, los siete planetas, los siete pecados capitales, las siete virtudes, los siete brazos del candelabro sagrado judío, las siete maravillas del mundo, los siete sacramentos, los siete velos de la danza sagrada, etcétera.

Desde remotos tiempos, los sabios han comprendido la séptuple cualidad del Universo y colocaban todos sus esfuerzos en desarrollar las siete potencialidades que yacen dormidas o subdesarrolladas en los seres humanos.

El siete es la suma de dos conjuntos también famosos: el **tres** (la trinidad divina) y el **cuatro** (las virtudes humanas).

La suma de lo divino, tres, más lo humano, cuatro, simboliza la totalidad, la perfección, la unión de todo lo divino y lo humano.

Por lo tanto, el siete siempre se asoció a la "perfección", a la *realización total* de una vida humana. Quien cultiva sus siete cuerpos o vehículos en toda su plenitud es un sabio, un ser iluminado. Un maestro.

Algo de esta visión espiritual ha quedado reflejado en la cultura popular, que le atribuye un poder especial al número siete. Se lo identifica con la buena suerte o con las buenas vibraciones. En realidad es considerado un número de buena suerte, pero es mucho más que eso. Quien siga el número siete, claramente está buscando su perfección moral, espiritual, su equilibrio emocional y mental.

Es así como la simbología histórica del número siete me ha sugerido la elección de este especial número en la relación de las claves para el diseño de este proceso de búsqueda interior y liderazgo personal. Camino que tarde o temprano todos debemos transitar si deseamos alcanzar el **equilibrio** en nuestras vidas.

Por todo esto, es mi intención compartir, tomando un modelo cultural y antropológico, estas **claves** propuestas y los principios en los que se fundan, para comprobar su validez e importancia en lo individual, así como su efecto reflejado en el entorno familiar y laboral.

Las **prácticas** para el logro del liderazgo, la armonía y el éxito que aquí expongo son simples guías que, en mi parecer, cimientan el camino hacia esos objetivos, pero en manera alguna pretendo que sean "el camino". Ya que, como reza el mito de Isis y Osiris del antiguo Egipto, "las claves están dispersas por todas partes", …y parece que nadie las ha encontrado a todas.

Ese mito se relaciona con la resurrección, no del grano o el cereal, como a veces se cree, sino de los hombres. Se trata de una resurrección metafórica, a la manera iniciática, de un renacimiento interior. Según reza esta antigua creencia, los hombres nacen "muertos" en lo espiritual, debiendo luego empezar a "vivir" a través de un proceso especial de iniciación.

El mito osiriano de la iniciación expresa la posibilidad de acelerar el proceso natural de evolución de la conciencia del hombre. Por ello, las prácticas o claves aquí propuestas intentan servir de guía en ese camino de evolución espiritual; son herramientas a disposición del lector para que este pueda escoger, en pleno ejercicio de su capacidad reflexiva y libertad de elección, la que le guste o interese, y utilizarla en el momento preciso que él escoja.

Este libro admite, además, diversas lecturas. Su estructura, en forma de prácticas, claves, aforismos, reflexiones, preguntas y relatos, permite acceder a él en cualquier punto, en cualquier capítulo que motive las ansias de crecer. Saltar de un lado a otro, correr hacia delante, hacia atrás, o en zigzag. Lo importante es la utilidad y el estímulo que suscite su lectura.

Porque cada uno de nosotros se ha enfrentado, en algún momento de su vida, a un dilema que ha sido la causa de su búsqueda: ¿cómo vivir la vida? Lo que hoy estoy haciendo, ¿me llevará a cumplir mis sueños? ¿Conoceré algún día la felicidad plena? ¿Por qué me está sucediendo esto precisamente a mí? ¿Podré superar el desafío que se me presenta?

La solución a tales interrogantes no es sencilla. El arte de vivir es, probablemente, la más difícil de todas las artes; pero, afortunadamente, la experiencia puede compartirse, la técnica aprenderse, y la sabiduría, por extraño o contradictorio que parezca, enseñarse, si se usa el método adecuado.

Por eso, cada una de las claves aquí expuestas tiene por finalidad ayudar al lector a amortiguar alguno de los duros golpes que en forma de adversidad nos presenta la existencia, e iluminar, con una nueva claridad, el maravilloso tapiz de la vida.

5. La práctica intensa

En los últimos años me ha interesado sobremanera cuál era la clave que hacía que algunos lo lograran y otros, los menos afortunados, no lo hicieran. Me preguntaba a mí mismo: ¿qué es el talento? ¿Qué hace que gente con éxito sea diferente al resto? ¿De qué está hecha la grandeza? ¿Todos podemos lograrla? ¿O está reservada para algunos pocos?

Buscaba una respuesta. Estaba interesado en averiguar cómo la gente consigue grandes cosas, y en toda mi vida he tenido la percepción de que eso se consideraba algo que estaba fuera del alcance de los investigadores y por lo tanto era una pregunta imposible de responder.

Fue entonces cuando encontré, gracias a la sugerencia de un amigo, el revelador libro de Dan Coyle titulado *Las claves del talento. ¿Quién dijo que el talento es innato?* El libro está basado en revolucionarios descubrimientos científicos, entre los que se cuenta un aislante neural llamado mielina que algunos neurólogos consideran el santo grial de la adquisición de habilidades.

He aquí la razón: toda habilidad humana, ya sea jugar al béisbol o interpretar a Bach, proviene de una cadena de fibras nerviosas que transmite un diminuto impulso eléctrico, básicamente una señal, que se traslada a través de un circuito.

La mielina rodea esas fibras nerviosas del mismo modo como un aislamiento de goma envuelve un alambre de cobre: permite que la señal sea más veloz e intensa porque impide que se escapen los impulsos eléctricos.

Cuando encendemos nuestros circuitos de la manera correcta (cuando practicamos el *swing* con ese palo de golf o tocamos esa nota), nuestra mielina responde cubriendo el circuito neural y añadiendo, en cada nueva capa, un poco más de habilidad y velocidad. Cuanto más gruesa sea la capa de mielina, mayor será su poder de aislamiento, de manera que nuestros movimientos y pensamientos se volverán más veloces y precisos.

La práctica intensa se construye sobre una paradoja: el hecho de esforzarte de determinadas maneras para conseguir objetivos específicos (permitiéndote cometer errores y hacer un poco el ridículo) te vuelve más inteligente. O, por decirlo de otro modo, aquellas experiencias en las que te veas obligado a ir más despacio, a cometer errores y a enmendarlos (como si tuvieras que subir por la ladera helada de una colina) acaban por darte mayor agilidad sin que te des cuenta de ello.

Debes cometer errores y prestarles atención; debes instruir tu circuito y seguir activándolo (es decir, practicando) a fin de que la mielina continúe funcionando adecuadamente.

Hasta allí, el descubrimiento de un paradigma nuevo para mí. El caso es que durante la mayor parte del siglo pasado muchos psicólogos educacionales creyeron que el aprendizaje estaba determinado por factores fijos como el coeficiente intelectual y las etapas de desarrollo. Teorías que yo abracé sin mucho esfuerzo.

Por el contrario, Barry Zimmerman, profesor de psicología en la Universidad de Nueva York, nunca admitió esa limitada visión. Él, muy al contrario, está fascinado con el tipo de aprendizaje que se produce cuando una persona observa, juzga y establece una estrategia para su propia actuación; cuando, en esencia, un individuo **se entrena a sí mismo**.

Las personas calificadas de "expertas" practican de un modo diferente del resto, con habilidades mucho más depuradas. Cuando fallan, no culpan a la suerte ni tampoco a sí mismos. Tienen una estrategia que puede solucionarlo.

Estas personas, mediante la práctica, han desarrollado algo más importante que la mera habilidad: han cultivado una comprensión conceptual organizada que les permite controlar y adaptar su rendimiento, solucionar problemas y personalizar el circuito correspondiente de acuerdo con la situación.

Como dice Ericsson: "No hay ningún tipo de célula que los genios posean y que el resto de nosotros no tengamos".

De modo que cada uno de nosotros cuenta con un mayor potencial del que supone. Todos tenemos la oportunidad de convertirnos en dirigentes de nuestros propios sueños. El truco está en saber cómo hacerlo.

En este libro encontrarás una guía de siete prácticas para este trascendental desafío. Solo de ti depende. Recuerda… **eres tu propio entrenador**.

La serpiente perece cuando no puede
cambiar de piel.

Friedrich Nietzsche

Autoconocimiento

1ª práctica

Conocernos
a nosotros mismos

autoconocimiento

I

LA PRÁCTICA DEL AUTOCONOCIMIENTO

CONOCERNOS A NOSOTROS MISMOS

1. Lo primero, conocerse

Conocer a los demás es sabiduría,
conocerse a uno mismo es iluminación.
Lao-Tse

Tanto Sócrates como otros filósofos de su época adoptaron, como uno de los principios de su instrucción, las célebres palabras inscritas en la puerta del templo de Apolo en Delfos: "Si no hallas dentro de ti mismo aquello que buscas, tampoco lo hallarás fuera. En ti se halla oculto el tesoro de los tesoros. ¡Oh hombre!, conócete a ti mismo y conocerás el universo y a los dioses".

Las enseñanzas de Sócrates nos invitan a conocernos a nosotros mismos y a reconocer nuestra propia ignorancia; ya que, según decía, la sabiduría no reside en saber más cosas que los otros, sino en aceptar que no se sabe, frente a los que creen saber lo que ignoran. Es decir, que la conciencia de la propia ignorancia es la condición primera e indispensable para que surja el deseo del verdadero conocimiento, y solo así se podrá comenzar a caminar hacia la luz de la verdad y la comprensión.

¿Por qué resulta útil y hasta imprescindible conocerse uno mismo?

El conocimiento interno es esencial, ya que cuando nos conocemos podemos empezar a modificar conductas y creencias limitantes, y si cambiamos internamente, todo cambiará a nuestro alrededor. Como resultado, las personas felices y eficientes entienden que todo lo que les ocurre contribuye al sentido de su vida, ya que son señales que les indican el rumbo del cambio.

"Que tu más importante negocio sea conocerte a ti mismo", dijo don Miguel de Cervantes, a lo que añadió: "…lo cual constituye la lección más difícil de la vida".

En esa posibilidad de conocimiento interno está la conciencia de que es posible mejorar la persona que hoy somos cambiándonos a nosotros mismos. Porque todos sabemos, en lo profundo de nuestro corazón, que podríamos ser mejores de lo que somos: más conciliadores, menos autoritarios, más tolerantes, menos críticos, más solidarios, menos egoístas…

Si bien sabemos que en el vertiginoso mundo de hoy no es nada fácil vivir en plena armonía con nuestros ideales, somos poseedores de una gran capacidad: siempre podemos mejorar; con constancia y sacrificio podemos transitar el camino del propio conocimiento y la superación.

¿Cómo cambiar? ¿Cómo mejorar? ¿Con voluntad todo es posible?

Tal vez, pero a veces la voluntad no bastará; a veces tendremos que recurrir a la oración; en ocasiones, será la palabra inteligente de un amigo, de la madre o del profesor la que nos ayude. Pero en la mayoría de los casos será una férrea voluntad de cambio la que nos llevará a modificar nuestro interior.

Esta ansia de autenticidad, esta búsqueda interna, ha sido definida como "el equilibrio del yo", porque la persona que ha logrado conocerse plenamente no le tiene miedo a la vida, y acepta conscientemente todos sus sentimientos, sean de dolor, alegría, angustia o amor.

Decidirnos por un sincero desarrollo personal significa transformar con nuestra propia actitud esos aspectos personales que nos mantienen absortos en una continua inconsciencia y fuera de nosotros mismos. Porque resulta una verdadera paradoja advertir que hemos conquistado el espacio exterior pero nos resulta mucho más difícil hacerlo con el interior.

Alan y Ruth eran felices a pesar de que tenían una idea muy particular de cómo llevar adelante su matrimonio. Tras muchos años en los que la mujer se desempeñaba como ama de casa y su esposo mantenía económicamente el hogar, llegaron a un punto en el que advirtieron lo lejos que se encontraban sus roles del ideal de pareja que deseaban.

Ruth había dejado la universidad para cuidar a su primer hijo, Cristóbal. Pero ahora que él estaba en la escuela primaria, deseaba finalizar su licenciatura y trabajar a jornada completa. Había disfrutado quedándose en su hogar para cuidar a Cristóbal, pero no le gustaba depender económicamente de su marido ni estar todo el día en casa.

Alan se puso muy tenso por la idea de que Ruth trabajara afuera; y terminó oponiéndose directamente. La principal razón era que deseaba que su esposa tuviera más hijos y se quedara en casa con ellos. Él ganaba un buen sueldo, y podían manejarse bien así.

Ruth llegó a sentirse dominada por Alan, y en una sesión preliminar de coaching me confió que él daba muestras de interpretar como una amenaza su deseo de graduarse y buscar trabajo. Además, me dijo que por más tareas que realizara en casa, Alan nunca estaba satisfecho.

Sin embargo, y a pesar del escaso reconocimiento que recibía de Alan, Ruth deseaba mantener la relación. Habían pasado temporadas maravillosas en pareja y en familia, por lo que la alternativa era elegir el mal menor. Permanecería junto a Alan el tiempo suficiente para acomodar su economía personal y encontrar por todos los medios una fórmula para manejar su pareja. En el caso de que no pudiera encontrar una solución, entonces sí, elegiría libremente entre marcharse o quedarse.

Alan y Ruth se encontraban envueltos en la clásica lucha de poderes. El consejo que le di a Ruth fue que intentara conseguir el equilibrio entre ambos con una nueva perspectiva en el análisis de la situación. Mediante una serie de preguntas que le fui formulando, llegó a la conclusión de que varias cosas que ella hacía producían en Alan una mala reacción. Por lo tanto, si encontraba la causa del mal humor de Alan podría reducir el ciclo de malestar.

Como escribió Leibniz, todo sucede por alguna razón. Por ello, le sugerí a Ruth que si lo que realmente deseaba era ejercer cierto control sobre lo que les estaba sucediendo, tenía que comprender las razones ocultas que lo producían. La clave principal era conocerse a ella misma, entender por qué actuaba como lo hacía, y luego analizar la reacción de su marido.

En esta situación, la seguridad de Alan dependía de la inseguridad de Ruth; es decir, de la dependencia de su mujer. Esa actitud debía cambiar.

El problema en este caso –analicé junto a Ruth– es que si alguien teme ser derrocado del poder es porque se halla en una situación inestable. Lo importante es entender que la forma de obtener fuerzas de una relación es compartiendo el poder, en lugar de consumir todo el ímpetu en mantener la supremacía.

Mediante el autoconocimiento nos volvemos conscientes de la cantidad de formas y mecanismos que posee la mente para hacernos representar un determinado papel en la vida, y gracias a ello podremos modificar los hábitos inconscientes que determinan el funcionamiento de nuestra personalidad.

Pero es necesario no solo comprender nuestros mecanismos de comportamiento, sino, en este caso, también los de nuestra pareja. Y en esta tarea, la observación del otro se convierte en un factor imprescindible, ya que luego de analizar su forma de reaccionar podremos actuar en consecuencia, y será posible llegar al equilibrio. Como dice Hobbes, el equilibrio de fuerzas es la clave de una relación pacífica y satisfactoria.

Todos hemos sentido alguna vez la sensación de estar caminando por la vida esposados a un ser extraño. Pero lo más angustioso es cuando ese ser extraño muchas veces no es mi pareja, sino yo mismo, compañero misterioso e impredecible con el que debo compartir cada pensamiento, cada emoción, cada experiencia vital. No hay duda de que si queremos que nuestro camino sea fructífero debemos aprender a vivir en buenos términos con nosotros mismos: analizarnos, entendernos y aceptarnos, en fin, *conocernos*.

Porque como dice Ernesto Sabato acerca del camino del conocimiento individual: "Uno se embarca hacia tierras lejanas, o busca el conocimiento de hombres, o indaga la naturaleza, o busca a Dios; después advierte que el fantasma que perseguía era uno mismo".

2. Cambiar internamente

La más ostensible de las dichas solo puede revelársenos cuando la hemos gestado dentro de nosotros.
Rainer Maria Rilke

Nadie puede convencer a otro de que cambie. Como dice Marilyn Ferguson, cada uno de nosotros custodia una puerta del cambio que solo puede abrirse desde dentro. No podemos abrir la puerta del otro, ni con argumentos ni con apelaciones emocionales.

Como individuos, cada uno de nosotros debe hacerse cargo de su propio cambio interno. No pretender cambiar al mundo, sino cambiar nosotros, individualmente. Gandhi decía sabiamente: "Somos nosotros quienes debemos encarnar el cambio que ansiamos contemplar".

Mahatma Gandhi no gobernó ningún país, pero consiguió lo que nadie había conseguido antes: fue la esperanza de toda su gente, y condujo a su pueblo hacia la libertad.

Así como lo fue él para su pueblo, nosotros somos un espejo para los demás, ya que lo que sentimos por dentro se ve por fuera, y por eso no podemos mejorar nuestras vidas trabajando solo sobre aspectos exteriores; porque de esa forma pocos verán lo que verdaderamente somos, solamente verán lo que aparentamos ser.

> Cuenta Paulo Coelho la historia de un hombre muy particular que cierta vez recibió la visita de algunos amigos que, al verlo viejo y sabio, le pidieron que les enseñase cuál era la manera de rezar y qué debían pedirle a Dios.
> Sonriente, respondió:
> —Al principio, yo tenía el fervor de la juventud, que cree en lo imposible. Entonces, me arrodillaba ante Dios y le pedía que me diera fortaleza para cambiar a la humanidad. Al poco tiempo, vi que era una tarea que iba más allá de mis fuerzas. Entonces comencé a pedirle a Dios que me ayudara a cambiar lo que estaba a mi alcance. Pero solo ahora, al final de mi vida, es que entendí el pedido que debía haber hecho desde el principio: que yo fuese capaz de cambiarme a mí mismo.

Si cambiamos nosotros, ¿cambiará el mundo que nos rodea? ¿Cómo? Parece una absurda teoría, pero no lo es. Hagamos con seriedad la prueba, y experimentemos los cambios que se producen en nuestro entorno cuando nosotros modificamos nuestro interior.

Pero si algo me inquieta o me molesta, lo lógico es cambiar esa situación, ¿no?

No necesariamente, porque si en una determinada etapa de nuestra vida existe algo que nos tiene angustiados, deprimidos o nos produce un gran dolor, la solución no siempre consiste en modificar la situación, sino en intentar cambiar nosotros mismos para adaptarnos a ella; y para esto nada mejor que modificar la forma que tenemos de ver y entender las cosas. Recordemos que nunca vemos el mundo de la manera que realmente es, sino que siempre lo vemos desde nuestra óptica particular.

Muchas veces intentamos justificar nuestras actitudes y decimos: "Bueno, yo nací así; yo soy así". Pero en realidad estas son simples excusas para no hacernos responsables de nuestros actos. Si actuáramos razonadamente nos daríamos cuenta de que a veces debemos modificar nuestra conducta o manera de ser en vez de inventar excusas y justificaciones para nuestra "mala" forma de actuar.

El año pasado mi amigo Jorge, viudo desde hace dos años, me confesó que su hija de diecisiete había abandonado el hogar. La angustia y la depresión que le causaba la soledad producida por el alejamiento de su única hija lo hacían sentir vacío y sin fuerzas. "Si bebo es para olvidar…, no encuentro el camino…, me siento solo —me decía entre sollozos—. Intento adormecer mi corazón y no sufrir tanto…"

Fue una situación muy dura para mí, que lo conocía desde que había llegado hacía unos años a Barcelona, ya que había sido uno de mis mejores amigos y gran apoyo en mi etapa de adaptación a la ciudad.

Hablamos sobre lo que sentía. Sobre la soledad que implica la propia vida y sobre la opinión de sus familiares con respecto a su problema con el alcohol: "¿Qué sensación te produce el encuentro con personas de tu entorno más cercano? Cuando crees que la gente está hablando de ti, por tu afición a la bebida, ¿cómo te sientes? La última vez que algo o alguien te hizo sentir bien, ¿por qué fue? ¿Cuáles son los obstáculos que encuentras para sentirte bien? ¿Qué significa para ti la soledad? ¿Cómo crees que se sienten las personas que se encuentran solas?".

Una vez aclarados algunos conceptos y creencias sobre su situación, y la visión que tenía de su propia vida, intenté introducir algunos conceptos. Consciente de que no podía decirle directamente que dejara en forma total la bebida, empecé a hablarle de la moderación como signo de sabiduría. De pronto le pregunté: "¿Te atreverías a ir reduciendo progresivamente tu inclinación a la bebida?".

"Efectivamente", me contestó convencido.

"Un estilo de vida moderado, equilibrado —le dije entonces— crea una vida productiva y sana." Avancé un poco más: "Cuando no hacemos caso de la orientación de nuestra alma y seguimos los dictados de nuestra pasión, experimentamos el vacío. Ese mismo vacío que tú estás padeciendo".

"Amigo Jorge, la clave para que encuentres el equilibrio es el respeto por ti mismo, y este es fruto de la disciplina. Debes luchar día a día contra tus impulsos negativos, y esa sensación de dignidad que acompañará cada negación tuya a beber, aumentará junto con la capacidad de decirte 'no' a ti mismo", concluí.

Para reforzar el mensaje, le dejé un escrito de san Agustín con la frase predilecta de Alcohólicos Anónimos, con cuyos familiares y amigos he compartido en Barcelona algunas reuniones de investigación: "Dios, concédeme la serenidad para aceptar las cosas que no puedo cambiar, valor para cambiar aquellas que puedo y sabiduría para reconocer la diferencia".

Confieso haber quedado gratamente sorprendido por la profundidad de las reflexiones y el sistema de trabajo de este grupo. Es alentador ver cómo familiares y amigos de personas afectadas de alcoholismo se reúnen periódicamente para compartir sus experiencias con ellas y, a través de esas reuniones, logran una fortaleza espiritual y un crecimiento personal envidiables.

Jorge, finalmente, luego de un largo proceso de búsqueda interior, logró dejar la bebida y se centró apasionadamente en la creación de su propia empresa, que hoy lo llena de orgullo. Al igual que él, cuando uno se examina con ánimo de conocerse advierte con claridad los defectos que ha procurado ocultarse, y cae en la cuenta de que puede corregirlos con paciencia, serenidad y mucho esfuerzo, ya que solo de esa manera es posible cambiar.

Cuando actuamos con tesón sobre las bases de nuestra personalidad en un intento por cambiar, logramos realmente llegar a lo profundo, a la trama de nuestros pensamientos y preconceptos, los mismos que determinan nuestro carácter y crean el cristal a través del cual vemos la vida.

3. Preguntas poderosas

Si buscas resultados distintos,
no hagas siempre lo mismo.
Albert Einstein

Se dice que si uno está lleno de respuestas no tiene espacio para las nuevas preguntas. Es así: muchas de nuestras viejas respuestas puede que no nos sirvan más, por ello es importante desecharlas y permitir que cedan espacio a nuevas preguntas.

Era de noche, y me encontraba recogiendo mis cosas para irme a casa cuando llegó a verme Elena, una antigua amiga a la que regularmente atendía. Teníamos un acuerdo que consistía en que, libremente y sin cita previa, podía venir a mi consulta si consideraba que estaba pasando por un momento angustiante y necesitaba mi guía o apoyo.

Una vez en mi despacho, sabiendo que era muy tarde, fue directamente al grano: "Alfredo —me dijo—, ¿por qué siento que mi matrimonio es nada más que una cadena interminable de discusiones?".

Había preparado una larga lista de preguntas para consultarme, y todas ellas comenzaban con las palabras "por qué…".

"¿Por qué me pasa esto justamente a mí? ¿Por qué me siento abatida y sola? ¿Por qué no le encuentro solución? ¿Por qué volver a intentarlo?…"

Sonreí con tristeza y le dije: "Realmente hiciste una buena tarea, pero esa lista que traes ahí no te sirve, ya que te lleva a buscar explicaciones sin darte pistas de hacia dónde ir. Te sugiero que cambies en tu lista la pregunta 'por qué' por una mejor: 'para qué'. Verás cómo esta original forma de ver las cosas abre un mundo nuevo para ti".

"A veces —continué— lo único que necesitamos hacer es cambiar las preguntas, en lugar de pretender encontrar por todos los medios las respuestas. Y es así, porque las preguntas que nos hacemos determinan nuestros pensamientos, y ellos nuestra predisposición para la acción."

De la misma manera, podemos decir que nuestros pensamientos determinan el tipo de vida que llevamos. Cuando vemos que alguien se desenvuelve con gran habilidad para afrontar los desafíos de la vida, solemos pensar en la suerte que tiene o que nació con ese talento desarrollado, sin darnos cuenta de que su diferencia con los demás muchas veces consiste en su capacidad de hacerse preguntas.

El tipo de preguntas que nos hacemos puede generar en nosotros un pésimo estado de ánimo, como le sucedía a Elena. ¿Cómo cambiarlo? Simplemente, modificando el enfoque de nuestras preguntas.

Una persona que está pasando por un revés económico puede posicionarse en este tipo de preguntas: "¿Por qué a mí? ¿Por qué nunca he tenido éxito? ¿Por qué nunca me pasan cosas buenas? ¿Por qué la vida es tan injusta?". Esta clase de preguntas son muy peligrosas porque sin darnos cuenta nos pueden llevar a colocarnos en el papel de víctimas, y sentir pena de nosotros mismos.

En cambio, estas otras preguntas cambian totalmente nuestro panorama: "¿Qué oportunidad se abre para mí en medio de esta crisis? ¿Qué alternativas aún no he probado? ¿Quién soy yo realmente, más allá de lo que me pasa? ¿De qué soy capaz cuando la vida me desafía? ¿Qué puedo aprender de esta situación?". Y la no menos importante: "¿Cómo puedo utilizar esta situación en mi beneficio?".

La cuestión no es si vas a tener problemas o no, sino cuáles serán las preguntas que te hagas para enfrentarlos.

Algunos de los millonarios más importantes del mundo no hicieron su riqueza pensando: "¿Cómo sobreviviré si la economía de este país se cae?". Por el contrario, en esos momentos pensaban: "¿Cómo puedo enriquecerme mientras todos los demás siguen paralizados por el miedo? ¿Qué es lo peor que puede suceder? ¿Cómo podría manejarlo?".

En efecto, nuestras preguntas cambiarán inmediatamente nuestro centro de atención y, en consecuencia, nuestra manera de sentirnos. Si sigo preguntándome por qué me siento tan deprimido, lo único que encontraré serán mis propias referencias que reforzarán la idea de que estoy deprimido. Si, en cambio, me pregunto qué puedo hacer para sentirme más feliz y entusiasta, probablemente podría empezar a ver otras formas de transitar hacia ese estado de ánimo.

¿De qué manera podría sentirme feliz ahora? ¿Qué hay realmente de maravilloso en mi vida hoy? ¿Cómo podría sentirme bien en este momento? ¿De qué me siento verdaderamente agradecido?

Veremos así las conductas que nos permiten actuar con alegría y las que nos provocan decepción, ya que si nos sentimos deprimidos es porque, de alguna manera, hemos suprimido de nuestros pensamientos los motivos para estar felices. Y si nos sentimos entusiastas y felices, es porque desechamos las razones que tenemos para sentirnos mal.

Una pregunta que suelo hacer a los participantes de mis seminarios de coaching directivo, y que los ilustra sobre lo motivadoras y movilizadoras que pueden ser las preguntas, es: ¿cuál fue la pregunta más importante que te hicieron en tu vida?

Luego de que todos me responden, vuelvo a indagar: ¿por qué es la más importante?

Y allí es cuando todos se dan cuenta de que fue esa especial pregunta la que les sirvió como base para, a partir de ese momento, modificar algo en su vida o ver adónde habían llegado ya. Les pido que se hagan estas preguntas movilizadoras. Les aseguro que se sorprenderán.

Entonces, frente a una situación compleja debemos concentrarnos en los recursos de que disponemos: ¿qué habilidad personal me permitirá lograr con mayor eficacia mis objetivos? ¿Cómo podría afrontar mejor esta situación con los recursos de que dispongo? ¿Cuál es mi principal virtud?

Así, nosotros mismos nos transformaremos en verdaderos motores de nuestro crecimiento y efectividad. En la pregunta adecuada reside la fuerza que me permitirá poner en claro mis habilidades, verificar el terreno y lanzarme a la acción.

Algunas de las preguntas poderosas que como *coach* suelo hacer a mis clientes son: ¿qué es lo que más te motiva? ¿Cuál es el sentido de tu existencia? ¿Para qué haces lo que haces? ¿Para qué estás aquí? ¿Con qué te comprometes realmente? ¿Qué tiene que suceder para que te sientas exitoso? ¿Dónde te encuentras ahora? ¿Cuáles son tus recursos personales? ¿Qué necesitas para hacer realidad tus sueños? ¿Cuándo comenzarás? ¿Qué has aprendido de esta situación?

Tomemos conciencia de la fuerza de las preguntas en nuestra vida, reflexionemos con imaginación para poder formular preguntas que nos abran un abanico enorme de poderosas respuestas. Si nos hacemos preguntas inspiradoras, ¡aparecerán respuestas motivadoras!

4. ¡No es necesario tocar fondo!

De hombres es equivocarse; de locos,
persistir en el error.
Marco Tulio Cicerón

Algunos dicen que uno debe estar cansado, y harto de estar cansado, para cambiar; o que hay que tocar fondo para llegar a lo más profundo de nuestras miserias, ya que solo cuando estemos allí podremos salir. Otros agregan que una vez que hayamos llegado al fondo, las cosas no pueden más que mejorar.

Sin embargo, creo que uno puede –¡y debe!– cambiar cuando esté convencido de que lo necesita. Es así, no es preciso lastimarse más de la cuenta para saber que debemos modificar nuestra conducta y mejorar nuestra vida.

Herman Hesse ganó un Premio Nobel de Literatura. Pero antes de eso había contemplado seriamente la posibilidad de suicidarse, tan profunda era su convicción de que vivir no tenía sentido. Su talento como escritor surgió más tarde, hasta entonces no había logrado comprender su propósito, y sin este su vida cotidiana carecía de significado.

Según mi óptica, la última opción en la lucha contra la carencia de significado o de propósito es tomar una heroica decisión: apretar los dientes y resistir. Las cosas siempre cambian. Pero de nosotros mismos depende el poco o mucho consuelo que encontremos en el hecho de que, si podemos armarnos de paciencia y coraje, el cambio se producirá.

Porque estoy convencido de que somos, casi siempre, capaces de extraer el significado y el propósito de todos los acontecimientos que nos suceden en la vida, incluso de los más terribles, aunque a veces necesitemos tiempo.

Era una tarde lluviosa, y me encontraba revisando libros en una antigua librería del barrio de El Raval en Barcelona, cuando de golpe se abrió la puerta y apareció recortada sobre el umbral la silueta de un muchacho de abundante cabellera. Tendría unos diecinueve años, y se encontraba literalmente empapado. En su cara, los ojos rojos de angustia revelaban que junto con las gotas de lluvia se entremezclaban lágrimas.

Mi amiga Ainoha, dueña de la librería, parecía conocerlo. Se acercó a él y comenzaron a hablar en susurros. A un par de metros de distancia, cuando me disponía a bajar un voluminoso libro de un estante, Ainoha exclamó: "¡No es necesario tocar fondo para salir!". Me quedé inmóvil ante la juiciosa frase. Retiré el brazo sin bajar el libro y me fui caminando lentamente hacia un rincón de la librería. Más tarde me contó mi amiga que se trataba de su sobrino, quien se encontraba en un agudo estado de depresión y angustia, fruto de una fuerte pelea con sus padres que lo había impulsado a irse de su casa.

La frase de Ainoha estuvo rondando en mi mente durante mucho tiempo. Fue para mí un concepto realmente interesante el de no esperar a tocar fondo para salir.

¿Cuántas veces estamos tan apesadumbrados que nos castigamos sin necesidad, para ver si llegamos al límite de nuestro sufrimiento? ¿Cuántas veces nos hemos dicho en una situación difícil: "¡Necesito tocar fondo!", pensando que era una condición ineludible para poder salir del abismo? ¿Y cuántas veces llegamos a creer, convencidos, que era necesario tocar fondo para salir?

Esa creencia es falsa. No necesitamos tocar fondo. ¡Podemos salir ahora! Solo es necesario que seamos conscientes de que estamos cayendo, y de que podemos emerger, ya que si seguimos descendiendo hacia la oscuridad corremos el riesgo de no tener las suficientes fuerzas para salir, cuando decidamos hacerlo.

5. La actitud lo es todo

Quien no está dispuesto a hacer pequeños cambios,
nunca hará grandes cambios.
Mahatma Gandhi

Cuanto más transito por el mundo, más comprendo la importancia que tiene la actitud en la vida. Ella es más importante que los hechos. Más aún que el pasado, que la educación, que el dinero, que las circunstancias, que los fracasos, que el éxito y que lo que piensan o hacen los demás. Incluso creo que su importancia es mayor que un don o una habilidad.

Lo creo, simplemente, porque sé que una actitud será lo que en definitiva construirá o destruirá una empresa, un hogar, una amistad…; y lo más sorprendente es que cada día podemos decidir sobre nuestra actitud. No podemos cambiar el pasado…, tampoco podemos cambiar el hecho de que la gente se comporte de cierto modo. Nos es imposible cambiar lo inevitable. Lo único que podemos hacer es controlar aquello de lo que somos dueños, y esa es nuestra actitud.

Mi amiga Marianne, psicóloga de profesión, coincidía con esta apreciación cuando me decía hace unos meses en una distendida charla de café que las actitudes eran más importantes que los hechos: "He atendido a muchos pacientes —me decía— que lo único que necesitaban para mejorar era un cambio de actitud, ¡simplemente eso!". Y no le faltaba razón, porque nuestra actitud es lo que nos define frente a los hechos.

Un desastre es un hecho; una dificultad es un hecho; un problema físico es un hecho. Pero mientras que una persona queda paralizada por un desastre, otra crece a partir de él; mientras un individuo se queja de las dificultades, otro lucha por vencerlas; mientras que una incapacidad derrota a una persona, le sirve de aliento a otra.

Por eso, si modificamos nuestros pensamientos o las actitudes que adoptamos frente a la realidad, podremos cambiar nuestra percepción de ella, y transformar así nuestros viejos condicionamientos. Esto nos permitirá comenzar a ver la realidad a través de un nuevo cristal, con nuevos ojos.

Entonces, por ejemplo, si intentamos agradecer por lo que tenemos o nos sucede, en lugar de protestar, podremos plantearnos un sincero cambio de actitud frente a la vida… Podríamos agradecer el estar obligados a limpiar un gran desorden luego de una fiesta, porque eso significa que estuvimos rodeados de seres queridos; o agradecer que nuestro hijo esté con la computadora en lugar de ordenar su cuarto, porque está ejercitando una habilidad psicomotora o de atención.

También podríamos agradecer los descuentos por impuestos que sufrimos en nuestro salario, porque eso significa que tenemos trabajo; o cuando nos lamentamos porque la ropa nos queda un poco ajustada, pensar en la bendición que es tener suficiente para comer.

Podríamos también cambiar de actitud cuando nos quejamos por el césped que tenemos que cortar, o las ventanas que limpiar y cañerías que arreglar, porque todo eso demuestra que tenemos una casa, mientras que a muchos les falta un lugar donde vivir.

Otras veces reclamamos contra el gobierno, sin apreciar que esto supone libertad de expresión, cuando muchos no la tuvieron en el pasado e incluso algunos no la tienen hoy. Y hasta nos quejamos por no encontrar lugar para estacionar y tener que hacerlo a varias cuadras de distancia, sin agradecer el privilegio que significa poder disponer de un vehículo y de dos piernas que nos permiten caminar.

En fin, la actitud que demostremos ante los acontecimientos de nuestra vida es la que dirigirá nuestra forma de ser y de pensar, y en definitiva la que nos traerá felicidad o angustia. Porque podemos ser optimistas y ver la vida como un desafío lleno de oportunidades y bendiciones, o temerla como un sinfín de dificultades y obstáculos. Solo de nosotros depende.

Hace unos años asistí a la cena de despedida de Luis, veterano profesor de una escuela de negocios a la que había asesorado en una oportunidad. Luis se jubilaba, y unos días antes de retirarse me había dicho:

—Estoy muy cansado de luchar por un reconocimiento en esta institución. Nadie valora lo que hago ni la dedicación con la que trabajo. ¡Por fin llegó la hora de irme! ¡Estoy harto de estar aquí!

—Lo más difícil, Luis —le dije—, es cambiar nuestro propio pensamiento sobre las cosas. Un ejercicio práctico y productivo que puedes realizar es hacerte preguntas como: "¿Qué hace que me sienta poco valorado? ¿Qué hago para revertir esta situación? ¿Qué estoy haciendo para generar la mala reacción de mis compañeros? ¿Cómo ver a los demás como personas iguales a mí, con aciertos y errores? ¿Qué debo cambiar de mi pensamiento para obtener lo mejor de esta experiencia?".

Estuvimos charlando unas horas, y al final de nuestra conversación le sugerí que si lograba ver en qué forma todo lo que vivió en la escuela de negocios había sido una gran experiencia para su crecimiento personal y profesional, se podría retirar agradecido. Al principio se resistió a mi sugerencia, pero a los pocos días me llamó para darme las gracias y contarme que había realizado un profundo análisis de su situación en el trabajo. Finalmente había entendido cómo su propia actitud había sido muchas veces la causa de la mala reacción de sus compañeros o superiores.

A la cena asistieron muchas personas vinculadas a la institución educativa en la que Luis dictaba clases. A pesar de tener algunos amigos, sus compañeros directos con los que compartía oficina y tareas no lo apreciaban mucho por su carácter soberbio y altanero.

Sin embargo, cuando Luis, micrófono en mano, comenzó a despedirse de sus compañeros, causó una gran sorpresa al agradecer públicamente a todos por la ayuda que le habían prestado durante esos años. Bajó hasta las mesas y saludó uno por uno a sus colaboradores, felicitándolos por la tarea realizada.

Una vez concluido su discurso, algunos asistentes tenían los ojos llenos de lágrimas. Las mismas personas que unas horas antes lo criticaban por su actitud, comenzaron a reconocer su valía personal. Luis no lo podía creer. "Solo con haber cambiado de actitud el último día —me dijo— se produjo en las personas que antes me odiaban un cambio fenomenal. ¡Es increíble!"

Finalmente, Luis se jubiló con un gran gozo interno por haberse permitido cambiar de actitud. Pero, si una mudanza de actitud en el último momento pudo generar para él un efecto reflejo tan importante y evidente, ¿qué habría pasado de haber sostenido una actitud de concordia, compañerismo y humildad durante sus años en la escuela de negocios? ¿Qué beneficios personales habría recibido?

Es nuestra propia actitud el principal proveedor de lo que necesitamos sentir, y no algo externo. No existe una sola e inevitable forma de reaccionar ante lo que nos sucede; hay muchas formas.

¡Seamos positivos! ¡Si nuestra actitud de hoy no nos conduce a lograr el objetivo deseado, cambiemos de actitud! Cualquiera puede hacerlo, solo hay que tener la voluntad necesaria para desprenderse de la antigua.

6. Aprender a cambiar

Continuamente debemos aprender a
desaprender mucho de lo que hemos aprendido,
y aprender a aprender lo que no se nos ha enseñado.
Ronald David Laing

Si nuestra intención es cambiar, es necesario que revisemos regularmente algunos de los malos comportamientos que tenemos e introduzcamos paulatinamente cambios pequeños cuando nos sea posible. De esta manera podremos ir modificando poco a poco aspectos que no nos agradan, para lograr así una nueva y mejorada personalidad.

El problema es que si no sabemos "cómo hacer" para cambiar, será muy difícil que podamos lograrlo. Por ello, es fundamental aprender a cambiar. Y la única forma de hacerlo es usando nuestra inteligencia.

En esa tarea, la programación neurolingüística o PNL nos puede ser de gran ayuda para abrir nuestras mentes hacia un conocimiento más amplio. Según Richard Bandler, la PNL es un proceso educativo, ya que –como él dice– "básicamente, desarrollamos maneras de enseñar a la gente a usar su propia cabeza".

Desde que nacemos estamos aprendiendo constantemente sin que nadie nos diga cómo hacerlo, y seguimos aprendiendo y desaprendiendo de manera consciente e inconsciente toda nuestra vida. Esta capacidad de aprendizaje continuo, de la que muchas veces no tenemos conciencia, hace que la mayoría de las personas a menudo nos preocupemos más sobre *qué* aprendemos en vez de considerar *cómo* lo hacemos.

Así, la falta de comprensión que tenemos sobre nuestra particular forma de aprender nos hace caer, al menos, en dos problemas:

Primero, no centramos la atención en el hecho de que hay muchas áreas de nuestra vida en las que desarrollamos resistencias al aprendizaje, y eso nos lleva a realizar acciones ineficaces: cometemos continuamente los mismos errores, con los mismos patrones, y nos enfrentamos a las mismas dificultades, sin capacidad para responder y modificar esas acciones.

Y segundo, no advertimos que, aunque aprendemos, podríamos hacerlo mucho mejor, ya que actualmente contamos con innumerables técnicas nuevas de aprendizaje.

"Aprender a aprender" es una capacidad que, aunque lo hagamos ya de mayores, puede cambiar nuestras vidas en forma trascendental. Una capacidad que afecta a toda nuestra manera de ser, a quiénes somos y hemos sido, y a quiénes podemos ser en el futuro.

Al comprender la importancia del asunto, la pregunta que nos surge es: ¿cómo podemos aprender a cambiar?

Una forma es permitir la comunicación con nuestra mente inconsciente para que esta participe del proceso de aprendizaje y cambio. Y, para poder captar con la intuición la información externa que nos permita aprender, debemos poder ver más allá de lo que se ve o se dice. Esto implica que al observar la realidad, debemos analizarla a la luz de la información brindada por mi inconsciente, ya que la mente es un manantial inagotable. Y ello puede lograrse con la PNL.

Lejos de lo que comúnmente se entiende, el aprendizaje no es un producto exclusivo de la capacidad intelectual; la disposición emocional juega aquí un papel preponderante. Su relevancia es tal, que una de las condiciones para que el aprendizaje ocurra es encontrarnos sumergidos en un estado adecuado que comprende un conjunto de procesos intelectuales, emocionales y físicos presentes en esa situación.

Para adquirir habilidades en cualquier área de nuestra vida, existen cuatro requisitos básicos que, si los cumplimos, nos facilitarán enormemente el aprendizaje: reconocer que no sabemos, o que todavía tenemos mucho que aprender; encontrar a alguien de quien podamos aprender, ya sea una persona, un libro, etcétera; mantener una disposición emocional favorecedora del aprendizaje, y comenzar con la práctica constante y consciente de las habilidades que queremos incorporar.

El proceso de aprendizaje requiere de un minucioso seguimiento. No es posible aprender a cambiar si no logramos primero *aprender a aprender* o, lo que es lo mismo, saber la forma de optimizar mis recursos con la finalidad de obtener los mejores resultados en mi intención de incorporar el conocimiento que necesito.

El aprendizaje es la base del cambio en el individuo. Si conozco las claves del aprendizaje, podré cambiar cuando lo desee. Y de esta manera transformar mi vida para que gire a mi favor.

*Solo hay una cosa más dolorosa que aprender
de la experiencia. No aprender de ella.*

Laurence Johnston Peter

Aprendizaje

2ª práctica

Aprender
de nuestra experiencia

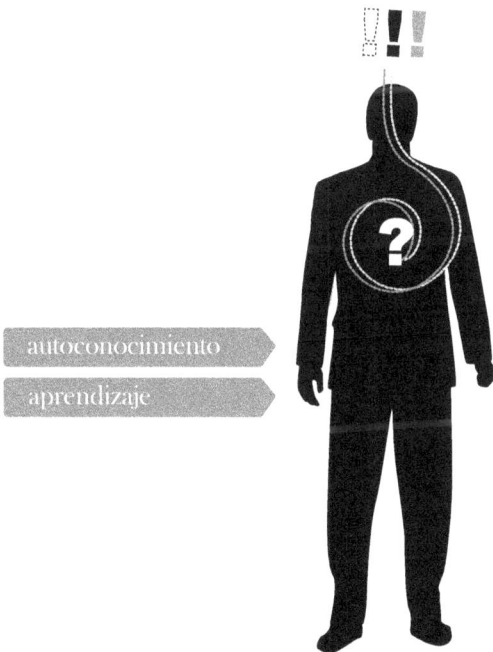

autoconocimiento

aprendizaje

II

LA PRÁCTICA DEL APRENDIZAJE

APRENDER DE NUESTRA EXPERIENCIA

1. Leer bien los mensajes

Los problemas son mensajes.
Shakti Gawain

Si buscamos aprender de nuestras experiencias, es menester que prestemos mucha atención a las señales y mensajes que estas nos puedan transmitir, ya que allí encontraremos las claves que nos indicarán dónde necesitamos crecer.

Pero sucede que el convulsionado mundo en el que vivimos nos lleva por un camino de prisas donde solo atendemos lo urgente y dejamos de lado esas señales indicadoras, esenciales puntos de apoyo en nuestro camino de crecimiento y cambio. Sin embargo, cuando las circunstancias se hacen insostenibles, entonces… sí, cambiamos.

Durante un congreso en Zaragoza conocí a una bella persona, Lorena. Compartimos similares inquietudes intelectuales, por lo que nos conectamos rápidamente. Nuestras charlas durante los días del congreso fueron muy interesantes para mí, y poco a poco se hacían más abiertas.

Me comentó que se encontraba muy contenta con la actividad que realizaba, y que actualmente estaba en muy buena posición laboral, fruto de su esfuerzo continuado y el sacrificio de muchos años. "Sin embargo —me dijo—, es una actividad muy absorbente que requiere que esté trabajando muchas horas a la semana y en dos lugares diferentes."

Me dijo también que había empezado a sentir cómo su salud se estaba debilitando a causa de la tensión que debía soportar, y además, sin quererlo, se había alejado de sus seres queridos; ya no se comunicaba tanto con ellos, en fin, los había descuidado.

En uno de los últimos días del congreso, paseando por los jardines de la residencia donde nos alojábamos, Lorena, sincerándose totalmente, me contó: "El año pasado me enfermé con frecuencia, cosa que nunca me había sucedido; tuve gastritis y, lo peor, engordé más de la cuenta, y hasta tuve erupciones… ¡Nunca me había ocurrido algo así!".

Fue entonces cuando hablamos sobre cuáles eran para ella las causas responsables de sus trastornos físicos. "¿Qué sientes cada mañana al ir a trabajar? ¿Cómo crees que esa sensación diaria afecta a tu organismo y a tu mente? ¿Qué parte de tu cuerpo es el que acusa mayor dolor? Si pudieras elegir otro trabajo y horario, ¿lo harías? ¿Cómo te gustaría sentirte en un nuevo trabajo? ¿Qué lugar o personas te hacen sentir relajada y en paz? ¿Qué trabajo o actividad te podría proporcionar armonía interna? ¿Qué estás haciendo para sentir esa sensación?"

Poco a poco, ella misma fue advirtiendo el desequilibrio en que se encontraba, la constante tensión que soportaba como consecuencia del exceso de trabajo y la presión a la que era sometida por sus jefes. Me explicó que no sabía cómo aminorar la marcha, ya que temía perder la posición que tanto esfuerzo le había costado lograr.

"¿Qué es más importante para ti: tu salud o tu trabajo? ¿Por qué continúas con un ritmo de vida aun sabiendo que te perjudica? Si tu salud estuviera seriamente en peligro, ¿qué harías? Y ¿por qué no lo haces ahora?"

Luego de una larga charla, ella misma concluyó que debía reducir las horas de trabajo y dedicarle más tiempo a sus afectos, hacer ejercicio y alimentarse bien. Gracias a nuestro ameno "debate" entendió que una vida de moderación y equilibrio es posible, y que en definitiva el precio que se paga por no dedicarle tiempo al propio "orden vital" es el deterioro de la salud, tanto física como psíquica.

Porque cuando trabajamos, nos divertimos, comemos, bebemos o hacemos ejercicio físico en exceso la factura que debemos pagar es el desequilibrio de nuestra mente y nuestro cuerpo. De allí que siempre tengo presente la famosa inscripción del Oráculo de Delfos que nos exhorta a no hacer nada en exceso.

El problema de abandonar una vida vertiginosa y llena de ocupaciones como la de Lorena es que nos veremos obligados a enfrentarnos a nosotros mismos. Allí radica el mayor desafío y en él se encuentra el origen de nuestros miedos, porque muchas veces lo que nos lleva a excesos es la sensación interior de que nos falta algo en la vida.

…Y si no tenemos un rumbo definido en nuestra vida, esta irá a la deriva. Por ello se hace necesario entender cuál es nuestra misión y objetivo, aquello que nos haga ilusionarnos y encarar nuestra existencia desde una plataforma de equilibrio y moderación. Y en esta búsqueda interna podría preguntarles: ¿que harían si no tuviesen problemas de ningún tipo, y dispusiesen de todo el tiempo y el dinero del mundo?

Si la respuesta es que harían lo mismo que están haciendo actualmente, entonces están en el camino correcto, ya que tienen pasión por lo que hacen y así expresan su talento y capacidad; pero si no es así, será muy útil realizar un profundo análisis de nuestra vida que nos permita ver en qué lugar del camino hemos dejado de atender a las señales.

Debemos entender que cada situación que hoy vivimos con sorpresa, angustia o decepción es una verdadera señal de la vida. Esa señal es un regalo, y si tenemos la capacidad de brindar una respuesta creativa y optimista ante cada situación preocupante estaremos en el camino indicado, asumiendo conscientemente que "cada momento es como debe ser", ya que está allí para enseñarnos algo.

Por ello, pensemos que la situación en que actualmente nos encontramos y las relaciones que hoy tenemos son las que precisamente necesitamos. Porque detrás de cada suceso de nuestra vida existe un significado oculto, un mensaje velado, y de nosotros depende descubrirlo. ¿Cómo? Buscando en nuestro interior.

2. Un problema, una oportunidad

> *Entre las dificultades se esconde la oportunidad.*
> Albert Einstein

Según Peter Drucker, las personas efectivas no se orientan hacia los problemas, sino hacia las oportunidades, ya que encontrarle el lado positivo a las cosas es la mejor forma de dirigirnos hacia un resultado de éxito. Esto es así porque nunca existe una sola lectura de la realidad, sino varias.

El lado positivo de las situaciones dependerá de nuestra capacidad para entender y descifrar las experiencias que nos tocan vivir. Pero ¿cómo ser prácticos y ver el lado bueno de las situaciones?

Siempre existe la posibilidad de "leer" la realidad de un modo optimista y positivo. Por ejemplo, si estoy ocasionalmente sin pareja, no gano nada con quejarme y compadecerme de forma constante por mi situación. Pensándolo bien, con seguridad que existen miles de personas que quisieran estar en mi misma situación; es decir, libres, sin ataduras, sin compromisos ni obligaciones. Así, pues, en lugar de angustiarme indefinidamente por mi estado actual, la actitud inteligente es aprovechar para hacer todo aquello que no podré hacer cuando, más adelante, esté acompañado. Eso es ser práctico.

Pero ¿son realmente imaginarios los problemas cotidianos?

Los problemas solo son tales si nosotros creemos que lo son. Porque si un padre tiene una visión limitada de la realidad y considera el fracaso escolar de su hijo como una tragedia o una causa de angustia familiar, se perderá la oportunidad de mejorar la relación que tiene con él mediante una charla madura y sincera que haga más intenso el vínculo entre ambos. Si, por el contrario, logra ver el lado positivo de la situación, podrá cambiar su posición para dejar de valorar como "fracaso" la experiencia de su hijo y comenzar a analizarla desde otra óptica: como una excelente ocasión para profundizar la unión padre-hijo.

Muchas veces, los problemas que surgen entre las personas son los que permiten cambiar las relaciones, haciéndolas más saludables y armoniosas si sus protagonistas aceptan una visión más optimista y positiva de la situación de cara al futuro. El resultado de esa nueva visión es un mejoramiento sustancial de la relación, que la hace mucho más profunda y adulta. El problema que creíamos en un principio insoluble, se convierte de esta manera en una especial oportunidad para el acercamiento entre las personas.

¡Cuántos disgustos nos ahorraríamos si considerásemos los cambios, experiencias y problemas como lo que son en realidad: una ocasión para perfeccionarnos y mejorar nuestras relaciones!

Filósofos de todas las culturas, de Heráclito a Lao Tse, han coincidido en que el cambio es la única constante en la vida. Depende, entonces, de la visión particular de cada uno que sea un problema o una oportunidad. Valoremos, pues, todo cambio como una oportunidad.

No huyamos tampoco cuando tengamos cerca a una persona que desea compartir con nosotros su problema; tengamos sensibilidad y veamos en esa situación la oportunidad para establecer una relación provechosa.

Los que actúan con indiferencia ante los problemas ajenos por sus propias experiencias negativas, no advierten que cuando descubrimos los beneficios de un problema y estudiamos las lecciones contenidas en él, hallamos una excelente ocasión para desarrollar y desplegar nuestra sabiduría.

> Eduardo y Natalia, dos amigos míos, se casaron muy enamorados, pero luego de un tiempo su amor se marchitó porque los negocios y el exceso de dinero no les dejaban tiempo para dedicarse el uno al otro. Estaban a punto de separarse cuando su situación financiera sufrió un gran revés. Se vieron de nuevo pobres, como en los primeros años de su matrimonio; y para poder salir adelante, compraron una casita en el campo y se dedicaron a cultivar el huerto. Trabajaron juntos en él durante muchas horas, todos los días, y llegaron a ser de nuevo una pareja feliz.

Muchas personas saben por instinto que todos los cambios traen consigo un incremento en la intensidad de sus vidas, y disfrutan al adaptarse a las nuevas circunstancias. Si estamos persuadidos de las ventajas de esta forma de enfrentarnos a la vida atraeremos hacia nosotros nuevas personas y oportunidades.

Sería grandioso poder ver el mundo como una escuela, con numerosas lecciones que aprender. Y sería estupendo también convencernos del hecho de que todos nuestros problemas, desánimos y sufrimientos son en realidad "grandes oportunidades veladas".

¿Cómo advertir que los conflictos son realmente oportunidades?

Una forma es pensar en alguna situación que nos haya parecido un problema enorme e insoluble cuando tuvimos que enfrentarla. Y cómo luego descubrimos, a consecuencia del gran aprendizaje que representó, que debimos haberla valorado como una verdadera bendición disfrazada.

Vale la pena hacer un intento de retrospección, porque así, al mirar hacia atrás, podremos reconocer que los que nos parecieron los mayores problemas de nuestra vida fueron en realidad oportunidades que, bien aprovechadas, nos proveyeron de un mayor crecimiento y conocimiento interior.

Por eso, estoy convencido de que todo lo que nos pasa en la vida son oportunidades. Oportunidades para experimentar, para aprender, para probarnos; solo debemos entender que lo son, y sacarles el mayor provecho posible, ya que "si lloramos porque se ha escondido el Sol, las lágrimas no nos dejarán ver las estrellas".

3. El valor de la experiencia

*La experiencia no consiste en el número
de cosas que se han visto, sino en el número
de cosas en las que se ha reflexionado.*
José María de Pereda

A lo largo de nuestra vida hemos acumulado muchas experiencias de las cuales podemos servirnos. Si extraemos de ellas los recursos necesarios, podemos lograr un gran desarrollo como personas, lo que nos permitirá afrontar con solvencia y flexibilidad cualquier desafío.

En nuestras propias experiencias reside la clave para actuar en forma eficiente. La programación neurolingüística o PNL, a través de modelos específicos, se orienta a rescatar recursos de nuestra experiencia para, en base a ellos, mejorar nuestro desempeño personal.

John Grinder y Richard Bandler fueron los padres de la PNL a comienzos de los años setenta. Esta técnica de modelado constituye en sí misma un formato poderoso basado en la experiencia humana y la comunicación. Tuvo su origen en la investigación sobre el comportamiento humano realizada por estos dos investigadores contemporáneos.

¿Cómo puede ser que dos personas con la misma formación y capacidad obtengan resultados tan distintos? ¿Cómo es posible que a uno se lo pueda considerar excelente y a otro solamente competente?

Para responder tales preguntas, Grinder y Bandler elaboraron un modelo basado en las investigaciones de los más grandes psicoterapeutas del momento, incluidos Virginia Satir, Milton Erickson y Fritz Perls, entre otros, quienes alcanzaban un alto grado de relevancia sobre el resto de sus colegas en los Estados Unidos.

Tras sus observaciones, descubrieron cómo funcionaban los mecanismos de excelencia, y comprobaron que la clave del éxito estaba en el empleo de procedimientos y patrones de comunicación específicos. Concluyeron finalmente que toda tarea humana aparentemente superior, por inexplicable que pueda parecer a primera vista, tiene una estructura que puede ser identificada y transmitida.

Lo que hace actualmente la PNL es identificar y describir el modelo de funcionamiento de cualquier habilidad especial o excepcional del ser humano, de manera que así pueda ser comunicada, comprendida y utilizada.

La PNL no consiste en técnicas extrañas o desconocidas, ajenas a nuestra conducta, sino en un proceso que permite conocer y utilizar de manera eficaz nuestro propio código de comunicación para conseguir las mejores respuestas y resultados en cualquier medio en que nos desempeñemos: social, afectivo, personal o profesional.

Así, cuando nos suceda algo y no podamos comprender fácilmente qué utilidad puede tener esa experiencia para nosotros, será necesario indagar haciéndonos preguntas del tipo: ¿por qué me ha sucedido esto? ¿Qué he hecho yo para provocar esta situación? ¿Cómo puede beneficiarme? ¿Qué puedo aprender? ¿Cuál es la señal y cuál la enseñanza? ¿Cómo transformarla en algo positivo?

La única forma de aprender es en base a las vivencias, y de lo que podamos extraer como enseñanza de ellas. Porque lo que se oye se olvida, lo que se ve se recuerda, pero lo que se hace es lo que realmente se aprende.

Nuestra experiencia nos define. En fin, yo diría que haber sido es la forma más segura de ser. Como dice Frankl, la persona que ataca los problemas de la vida de manera activa y sin miedos es como un hombre que arranca una tras otra las hojas del calendario de la vida y las va archivando cuidadosamente después de haber escrito unas cuantas notas al dorso. Así refleja con orgullo y goce toda la riqueza que contienen estas notas. De esta manera advierte que ha vivido plenamente.

¿Qué puede importarle entonces envejecer? ¿Tiene alguna razón para envidiar a la gente joven o sentir nostalgia por su juventud perdida? ¿Por qué ha de envidiar a los jóvenes?

¿Por las posibilidades que tienen? ¿Por el futuro que les espera? "No, gracias", pensará.

En lugar de posibilidades futuras, todos contamos con las realidades de nuestro pasado. No solo la realidad del trabajo hecho y del amor amado, sino de los sufrimientos padecidos con valentía. Dichos sufrimientos son precisamente las vivencias de las que solemos sentirnos más orgullosos, a pesar de que ellos no inspiren envidia.

Debemos ser conscientes del largo camino interior que tenemos por recorrer. Y es en ese camino que aprenderemos numerosas lecciones en forma de experiencias.

¡Abramos los ojos! Porque esas experiencias tienen una reserva invalorable de recursos guardados. Nuestra misión entonces es aprovecharlos, sabiendo que en ellos reside nuestro verdadero tesoro interior.

4. ¿Dispuestos a recibir la lección?

Una experiencia nunca es un fracaso,
pues siempre viene a demostrar algo.
Thomas Alva Edison

En el transcurso de nuestra vida se van sucediendo distintas experiencias, y día a día ellas nos dejan mensajes que indican los diferentes caminos posibles y las mejores opciones a seguir. Pero está claro que el aprendizaje que esos mensajes tienen reservado depende de nuestra apertura para recibirlos y de la capacidad que tengamos para descifrar sus lecciones.

Aunque muchas veces recibimos señales que nos indican el mejor camino a seguir o cómo comportarnos ante tal o cual situación, nos encontramos tan cerrados que somos totalmente insensibles a su sabiduría. Y lo peor es que no vemos lo que nos quieren transmitir aunque lo tengamos frente a nuestras narices.

Es esencial, pues, estar abiertos y receptivos a las señales que nos va dando la vida a fin de poder comprender profundamente su revelación. En conclusión: estar siempre listos para aprender.

De hecho, muchos de nosotros no aprendemos nada hasta que nos damos de boca contra el suelo. ¿Por qué? Porque para la mayoría es mucho más sencillo no cambiar, persistir en rutinarios hábitos y pretender dejar de lado las lecciones que nos tiene reservada la vida. Es difícil abrirse e intentar entender los mensajes que nos dejan nuestras vivencias; por eso seguimos empecinados hasta que nos golpeamos.

De manera metafórica, podemos decir que la vida nos habla en susurros al oído; si no logramos escucharla, nos habla más alto; si aun así no la entendemos o no le hacemos caso, nos sigue hablando cada vez más alto, hasta gritarnos sus verdades.

Una actriz famosa le dio en cierta ocasión una gran oportunidad a un joven actor, al confiarle uno de los papeles principales de la obra que iba a estrenar. El actor, que nunca había fallado en los ensayos, se equivocó en una frase durante la escena, justamente la noche del estreno. Estaba desconsolado en su camerino, cuando entró la actriz.

—No valgo para nada —dijo él—, he fallado absurdamente. Sería mejor que me dedicara a otra cosa.

—¿Tan alta opinión tenía usted de sí mismo que se creía incapaz de cometer una sola equivocación? —le preguntó calmadamente la actriz—. Yo me equivoco; todos nos equivocamos. El único que nunca se equivoca es Dios, y usted no es Dios, joven amigo. ¡Vuelva a la escena y verá como todo sale bien!

El joven obedeció, y no tuvo por qué arrepentirse de seguir su carrera. Hoy es un gran actor.

Es sensato reconocer nuestros errores. Pretender que nunca nos equivocamos equivale a colocarnos a nosotros mismos en un pedestal. No tenemos por qué cumplir las expectativas de otros. Seamos independientes y hagámonos responsables solo de nuestros actos, desechando las valoraciones que en nada favorezcan nuestro equilibrio personal.

La mejor forma de reaccionar ante las vivencias es analizar y capitalizar sus enseñanzas. Para ello, el primer paso es aceptar lo que me está sucediendo, ya que si acepto la lección que recibo estoy despejando el camino para que todo el bien que esta conlleva se manifieste. Y a partir de la aceptación comienza, sí, el aprendizaje.

¿Cuál sería una forma de advertir ese aprendizaje? Recordando, por ejemplo, cómo aquel sufrimiento tremendo que sentimos por la pérdida de un ser querido se transformó con el tiempo en una profunda enseñanza que nos proveyó de mayor equilibrio y madurez.

Si somos reflexivos y maduros, comprenderemos finalmente cómo aquellos que consideramos "desastres" en nuestra vida han adquirido un nuevo y luminoso significado para nosotros, transformándose en otras tantas oportunidades de crecimiento y evolución personal.

Como expresa Viktor Frankl, "el modo en que un hombre acepta su destino y todo el sufrimiento que este conlleva, la forma en que carga con su cruz, le da muchas oportunidades para añadir a su vida un sentido más profundo". Porque el hombre posee la capacidad de aprovechar o dejar pasar las enseñanzas y el mérito que una situación difícil puede proporcionarle. Pero muchas veces recibimos castigos demasiado duros. ¿Cómo comprender esa particular lección?

Debemos aceptar las circunstancias que hoy nos tocan vivir, ya que toda situación que atravesamos es nuestra guía y la lección que nos corresponde en ese momento, y estamos en ella porque tiene algún tipo de enseñanza para nosotros. Pedir a Dios que cambie nuestra posición no conduce a nada. Mientras nosotros no cambiemos, seguiremos necesitando pasar por esa situación.

Si no aceptamos y aprendemos las lecciones de la vida, volveremos a vivir esas experiencias una y otra vez, cada una de ellas en forma más fuerte y dolorosa que la anterior. Por eso, las mismas vivencias deben analizarse con criterio, y cuando por fin hayamos aprendido la lección que tiene reservada para nosotros, entonces podremos pasar a la siguiente.

¿Cómo hacer, en forma práctica, para aprender de nuestras experiencias?

Les propongo que hagan dos columnas en un papel. En una anoten las experiencias vividas, y en la otra las enseñanzas obtenidas como fruto de esas vivencias. Estoy seguro de que les será de gran ayuda y provecho si, en lugar de lamentarse por lo que les pasa, lo ven como una oportunidad única para crecer.

El cambio y la decisión de aceptar las lecciones que la vida nos dicta solo puede salir de nuestro interior, ya que si pensamos en que el problema está "allí fuera", y no en nuestra forma de interpretar las experiencias, este pensamiento será el auténtico problema.

Estemos siempre abiertos y dispuestos a recibir lo que la vida tiene preparado para nosotros. En muchas ocasiones, nos sorprenderemos.

5. Superar los fracasos

No se sale adelante celebrando éxitos,
sino superando fracasos.
Orison Swett Marden

Un antiguo proverbio zen reza: "Cuando el alumno esté preparado, aparecerá el maestro". Esto supone permanecer abiertos y dispuestos a aprender de todos y de cada circunstancia que se nos presenta en la vida. Este especial alumno, es el que reserva el espacio interior necesario para un nuevo saber, el que busca y disfruta las pequeñas enseñanzas que día a día recibe, con la convicción de que para él serán el alimento esencial en su camino personal.

Es frecuente encontrar algunas personas que cuentan con una gran receptividad con respecto a todo el conocimiento que les llega, como también lo es ver que existen muchas otras que, como consecuencia de su rigidez, rechazan de plano cualquier lección o señal que les provea el destino. Es evidente que estos últimos no están preparados como alumnos. Lo triste de su actitud es que ella les impedirá recibir las enormes enseñanzas que la vida les tiene reservadas.

¿Por qué será que a veces necesitamos de un gran sufrimiento para poner en orden nuestras prioridades? ¿Por qué el dolor es siempre antecedente de una profunda reflexión, seguida de crecimiento personal? ¿Será que no existe posibilidad de madurar sin sufrimiento?

Mi divorcio ha sido uno de los hechos más intensos que he sufrido. Pero esa crisis ha sido al mismo tiempo una de las cosas que más valoro en mi vida, ya que me permitió replantear mi debilitada escala de valores mediante un exhaustivo análisis y reflexión. Por ello, considero esa experiencia, si bien muy dolorosa, como algo sumamente positivo para mi crecimiento personal. Como dice Charles Dickens: "Cada fracaso enseña al hombre algo que necesita aprender".

Ese episodio fue el que hizo que tomara conciencia de lo que me estaba perdiendo de la vida, ya que, como más tarde reconociera ante un amigo, "...vivía amargado por objetivos que me había fijado sin tener plena conciencia de lo que hacía; había planificado mi vida sin la reflexión necesaria; y así, sin advertirlo, había adoptado las metas y modos de actuar que la sociedad me imponía".

Por eso, hoy puedo decir con convicción que mi ruptura matrimonial fue la experiencia más reveladora que he vivido y el hecho que más me ayudó a cambiar y replantear mis creencias y condicionamientos, a valorar a las personas que me rodean y, como concluía esa charla con mi amigo, "...a comenzar a entender y a disfrutar las pequeñas cosas de la vida...". ¡Todavía estoy aprendiendo, y creo que nunca terminaré de hacerlo!

En definitiva, entendí que, como claramente expresa Aldous Huxley: "La experiencia no está en las cosas que nos ocurren, sino en lo que hacemos con ellas".

No es importante si en el intento por alcanzar nuestros objetivos tropezamos con distintos obstáculos, algo que seguramente sucederá. Lo esencial es tener la mente puesta en el beneficio que me proveerá ese tropiezo, ya que este será la oportunidad de empezar de nuevo de forma más inteligente. De esa manera es como hay que tratar al fracaso: analizando el mayor provecho que podamos sacar de él.

Y, luego de una caída, ¿cómo hacer para ponerme nuevamente en pie?, y ¿con qué fuerzas?

Nuestro principal aliado a la hora de recuperarnos de una caída es nuestra propia valoración; es decir, nuestra autoestima, ya que de esa valoración de mí mismo y de mis capacidades dependerá la rapidez o lentitud con que me pueda volver a poner en pie.

No importa cuán bajo hayamos caído, tampoco importa cuánto tardemos en levantarnos (en realidad hay muchas cosas que no importan), lo que verdaderamente importa es intentar levantarnos, empezar de nuevo. Nunca va a ser demasiado tarde, nunca demasiado temprano, nunca demasiado difícil; y jamás será demasiado fácil. Pero siempre va a ser nuestro particular camino, nuestro cambio, nuestra vida. Además, nunca será excesivo el esfuerzo por salir del atolladero, porque salir vale la pena. También por eso, siempre será valioso todo intento que hagamos, por pequeño que sea.

Un conocido psicólogo daba ánimos a sus pacientes más deprimidos y angustiados haciéndoles colgar en su casa un cartel con la siguiente leyenda: "Aunque muchas veces sintamos el cansancio, y el triunfo nos abandone; aunque el error nos lastime, o un negocio se quiebre; aunque una traición nos hiera, y el dolor nos queme; aunque una ilusión se apague, e ignoren nuestros esfuerzos, y la ingratitud sea la paga, o la incomprensión dé fin a nuestra risa; aunque todo parezca nada, ¡volvamos a empezar!".

Así que no importa cuántas veces hayamos caído; lo importante para nuestra salud y autoestima es levantarnos. La mayor gloria no está en no haber caído nunca, sino en levantarnos cada vez que caemos.

> Francisco, de profesión músico, vino a verme a mi despacho una tarde de abril. Tenía dos hijos y vivía en el barrio de Gracia, en Barcelona. Luego de una charla informal,

me dijo con evidente desconsuelo: "…Mi vida últimamente se encuentra en un punto muerto. Mi esposa se ha marchado de casa hace un par de meses, y estoy viviendo una gran angustia y decepción por su actitud injustificada. No entiendo qué sucedió… ¿Por qué se fue?, ¿por qué me abandonó? ¿Debo guardar esperanzas de que algún día vuelva?".

Tuvimos varias sesiones en los meses siguientes. Finalmente, Francisco comprendió que puede ocurrir que estemos mucho tiempo estancados en nuestro presente dándonos golpes contra la pared en busca de los porqués e intentando entender la razón de tal o cual cosa. Pero toda esa energía la gastaremos sin obtener ningún otro resultado que aumentar nuestra propia angustia y desesperanza.

En base a su reflexión y análisis, Francisco tomó conciencia de sus propias creencias limitantes, y pudo recobrar el control de su vida. Descubrió que siempre es importante saber cuándo se acaba una etapa de la vida, porque si insistimos en permanecer en ella más del tiempo necesario corremos el peligro de perder nuestra paz.

Por ello, como él, debemos cerrar puertas, cerrar capítulos de nuestra vida para poder comenzar livianos nuevamente nuestro viaje… ¿Dejamos nuestro trabajo? ¿Se acabó esa relación? ¿Ya no vivimos más en esa casa? ¿Debemos irnos de viaje? ¿Aquella hermosa amistad se terminó?…

Lo que sucedió debe permanecer en el pasado. Hay que soltar amarras, desprenderse. No podemos ser niños eternos, ni adolescentes tardíos, ni tener vínculos con quien no quiere estar vinculado a nosotros. No. ¡Los hechos pasan, y hay que dejarlos ir!

Papeles por romper, documentos que tirar, libros por regalar. Los cambios externos muchas veces pueden simbolizar procesos interiores de superación. Dejar ir, soltar, desprenderse. En la vida nadie puede jugar con las cartas marcadas, y muchas veces hay que aprender a ganar y a perder.

Pasemos la página sobre nuestro pasado, y vivamos plenamente el presente. El pasado ya pasó. No esperemos a que nos reconozcan nuestro esfuerzo y capacidad, no esperemos que alguna vez se den cuenta de "quiénes somos".

Debemos superar nuestros propios fracasos cerrando esas dolorosas etapas, porque si vamos por la vida dejando puertas abiertas "por si acaso", nunca podremos desprendernos del ayer, ni vivir el hoy con satisfacción. Superemos con valentía nuestro pasado, porque la vida está adelante, nunca atrás.

6. Las pérdidas nos hacen crecer

Cuanto más oscura es la noche,
más cerca está la aurora.
Friedrich Nietzsche

Cuando hablamos de pérdidas, es lógico que sintamos un escalofrío en el cuerpo al recordar a algún ser querido que ya no está con nosotros, alguna amistad perdida, aquella empresa en la que pusimos toda nuestra ilusión y quebró, o ese bien que nunca pudimos recuperar.

Pero, a pesar del sentimiento de dolor por esas pérdidas, si reflexionamos y analizamos la experiencia, podremos concluir que ella fue una gran lección que hoy forma parte de nuestro desarrollo como personas. Porque, aunque sea arduo admitirlo, las pérdidas son necesarias ya que, precisamente, crecemos a través de ellas.

En este camino de pérdida y dolor debemos aprender a renunciar a lo que ya no está, y en esa renuncia se cifra nuestra verdadera madurez. De hecho, somos quienes somos gracias a lo que hemos perdido tanto como a lo que hemos espiritualmente ganado pero, lo fundamental, a cómo nos hemos conducido frente a esas pérdidas.

¿Por qué identificamos la pérdida con el dolor? ¿Por qué es que toda pérdida *debe* suponer pesar y aflicción? ¿Será posible algún día ver nuestro paso por esta vida como algo natural y sin sufrimiento? Y al mismo tiempo, ¿existe en realidad la posibilidad de crecimiento sin dolor?

Puede parecer un contrasentido, pero debemos reconocer que no hemos venido a este mundo a sufrir, ya que nuestro paso por él debe ser algo natural. A menudo clamamos al cielo: ¡no es justo!, cuando algo malo nos sucede o tenemos que enfrentar alguna dificultad o problema; e insistimos: ¿por qué a mí, Dios?, ¿qué hice yo para merecer esto?…

En realidad, no es porque hayamos hecho nada malo; lo que sucede es que el mundo se despliega naturalmente así, y en él los problemas son algo natural. Lo raro sería que no existieran dificultades.

En general, los problemas traen aparejada una crisis para la persona, esto es indiscutible, pero no necesariamente una pérdida de la felicidad. Las crisis significan cambio. Lo que pasa es que la gente teme el cambio, y prefiere mantenerse en el confort de la estabilidad, creyendo erróneamente que toda variación produce alteraciones y dolor y, por ende, menos felicidad.

Las crisis y dificultades de la vida son parte de nuestra cotidiana existencia. No somos infelices porque nos sucedan cosas que nos angustien o preocupen; más bien nos preocupamos y angustiamos por la reacción que nosotros mismos generamos frente a los problemas. Es nuestra reacción, entonces, la que nos causa infelicidad y desazón, porque los problemas, por sí solos, no necesariamente son los que provocan sufrimiento.

Así, si logramos abordar nuestros problemas con decisión y compromiso, si logramos centrar nuestras energías en encontrar soluciones, ellos pueden transformarse en desafíos.

Sin embargo, debemos entender, a pesar de que nos cueste hacerlo, que el dolor es un maestro, que está allí para enseñarnos un camino: el apasionante y difícil camino hacia la paz interior. Lo que sucede es que las experiencias que nos transforman no son precisamente las que nosotros habríamos elegido para crecer. Es sintomático que luego de una pérdida, ya sea personal o material, pasemos por un período de duelo y depresión. Eso es normal. La cuestión es si salimos de esa experiencia más fuertes y maduros, o si por el contrario nos debilita.

Porque el hecho de que no podamos ver el lado positivo de nuestro actual dolor o sufrimiento no significa que no exista.

Pero, ¿cómo ver lo bueno que nos ofrece el sufrimiento? ¿Podemos ser conscientes de lo provechoso de una pérdida? ¿Sabemos, realmente, sacar partido de esas experiencias?

En una sesión de coaching, Marcela, una exitosa empresaria agrícola, me comentó que intentaba procesar un angustioso estado anímico que la estaba sumergiendo en una gran melancolía y depresión de la que no lograba salir. Había estado casada por más de veinte años, y hacía unos meses se había separado de su marido. Por fortuna, sus hijos eran mayores y no sufrían tanto por la separación, pero Marcela no lograba recomponerse: "¿Qué voy a hacer ahora que estoy sola?". Era tanto lo que sufría que no lograba hacer su trabajo diario.

Hablé pacientemente con Marcela intentando comprender cuál era la creencia interna que le hacía pensar que su separación era lo peor que le podía ocurrir y que no se podría recuperar de ese duro golpe. Logré, mediante preguntas, que me dijera directamente sus creencias limitantes que tanto daño le hacían: "¡No puedo vivir sin él!, ¡no sé qué voy a hacer ahora que estoy sola!, ¡nadie me entiende!".

Cuestioné entonces esas creencias: "¿Qué te impide vivir sin él? ¿De verdad no sabes qué hacer? ¿Es cierto que nadie te entiende?". Introduciendo pequeñas dudas en sus afirmaciones, logré ir desarmando lentamente su rígida creencia de que no había vida luego del divorcio. Luego, poco a poco, fuimos indagando juntos en su antiguo condicionamiento que le indicaba que su esposo era la persona más importante de su vida e imposible de sustituir. Tanto era lo que lo idolatraba.

Continué con otras preguntas: "¿Cuál sería una creencia un poco más productiva? Si decidieras cambiar de forma de pensar y ver tu separación como algo positivo, ¿qué ocurriría?, ¿cómo sería tu vida entonces?".

Luego de algunas sesiones de trabajo, ella misma pudo advertir que, a pesar de su sentimiento inicial, no todo era malo en su separación, y que luego de haber estado tantos años pendiente de su marido y dándole todos los gustos, ahora tendría tiempo para dedicarse a sí misma. Podría hacer esas largas caminatas por el campo que tanto le gustaban, leer, hacer deporte, salir con amigas sin poner atención al horario de regreso, y tantas cosas que había postergado en su vida. Finalmente, podría terminar de escribir esa novela que había dejado a la mitad cuando tuvo su primer hijo.

Le expliqué a Marcela que, como dice Zula Bennington Greene, no puede haber día sin noche, alegría sin pena, ni primavera sin invierno; lo que supone que todas las penas, incluso las más profundas y oscuras, contienen alguna cantidad de alegría y paz; y que, por lo tanto, cuanto antes la descubramos, antes la disfrutaremos.

El problema con que se enfrenta el individuo y que le impide transitar su camino en libertad es precisamente su incapacidad para separarse de la relación que actualmente lo angustia: dejar ir al ser querido, olvidar la antigua empresa; en fin, liberarse.

¿Es muy común que suceda esto? Muy común; es más, en muchas ocasiones me he encontrado con personas que me relataron situaciones similares a la de Marcela.

Lo peligroso es que, a veces, no soltar lazos es condenarnos. Así y todo nos aferramos a ideas, cosas, personas o vivencias, tanto como a espacios físicos, o a lugares conocidos, y aunque advirtamos claramente que apegarnos a lo que ya no está puede ser fatal, continuamos detenidos en el tiempo, con nuestra mente centrada en el temor a dejar ir del todo esas cosas, sin entender que las pérdidas deben ser vistas como una bendición, aunque dolorosa, porque nos hacen crecer.

Estos fragmentos de un hermoso poema de Francisco Luis Bernárdez nos hacen reflexionar sobre la importancia de perder para encontrar, sembrar para cosechar y sacrificar para crecer:

> *Si para recobrar lo recobrado*
> *debí perder primero lo perdido,*
> *si para conseguir lo conseguido*
> *tuve que soportar lo soportado...*
>
> *tengo por bien sufrido lo sufrido,*
> *tengo por bien llorado lo llorado.*
>
> *Porque después de todo he comprobado*
> *que no se goza bien de lo gozado*
> *sino después de haberlo padecido.*
>
> *Porque después de todo he comprendido*
> *que lo que el árbol tiene de florido*
> *vive de lo que tiene sepultado.*

7. ¿Vivir aprendiendo, o aprender viviendo?

Allí donde tropieces estará tu tesoro.
Joseph Campbell

No rechacemos los desafíos diarios, no alejemos el sacrificio y el dolor, ya que ellos están allí para enseñarnos. En lugar de lamentarnos por las cosas que nos suceden, preguntémonos: ¿cuál es la lección que debo aprender? ¿Por qué me está pasando esto en este preciso momento? ¿Cómo puedo aprovechar al máximo esta experiencia?

Lo peor que podemos hacer es rechazar nuestras vivencias porque nos resultan incómodas. Por el contrario, luchemos a favor de ellas, no en su contra. Aprendamos a ver el lado positivo de las cosas, y nunca digamos "¡no me lo merezco!", porque esta actitud nos cierra y nos impide aprender.

El mayor problema ante la adversidad es encerrarnos en nosotros mismos y en nuestro sufrimiento porque si rechazamos las oportunidades de cambio y mejoramiento nos será muy difícil aprender. Es lo que le sucedió a Alfred Souza. Siempre decía con persistencia que la vida estaba a punto de comenzar para él. La vida de verdad; pero siempre había algún obstáculo en el camino, algo que resolver primero, algún asunto sin terminar, tiempo por pasar, una deuda que pagar… Entonces la vida comenzaría…; hasta que se dio cuenta finalmente de que esos obstáculos eran precisamente su vida.

Lo más interesante de todas las experiencias vividas es descubrir, finalmente, que a este mundo no venimos a sufrir ni a castigarnos, sino simplemente a educarnos, a formarnos y a aprender de las experiencias. Porque en definitiva todos tenemos una misión y un objetivo en la vida, pero de nosotros depende descifrar cuál es.

El verano pasado vino a verme Lucía, una simpática chica de Valencia. Me contó que hacía un año que había terminado con su novio y todavía no había podido recuperarse del golpe. "Siento un vacío enorme que me impide despertarme cada día con alegría. ¿Qué puedo hacer para olvidarlo?", me dijo entre sollozos.

Hablamos de lo que representaba para ella el hecho de haber terminado con su novio, y qué cosas positivas podría rescatar de la relación que había tenido.

"¿Qué has sentido esta mañana al despertarte? ¿Qué sientes habitualmente por las mañanas? ¿Qué te gustaría sentir? ¿Qué dificultades encuentras para sentirte bien? ¿Por qué te apegas a una situación que te hace daño? ¿Qué aportes positivos te da esta forma de proceder? ¿Cuál sería la lección que puedes extraer de esta vivencia?"

Poco a poco, fue descubriendo lo valiosa que había sido para ella su particular y dolorosa experiencia. Pudo comprender al fin que todo lo que en un principio veía con desaliento y enfado, se había transformado ahora por una sensación de bienestar, al advertir que simplemente era una situación necesaria para su crecimiento personal.

Es así como debemos reaccionar ante las experiencias: observando el vaso medio lleno en vez de verlo medio vacío; siendo siempre, y sobre todo, optimistas frente a la vida. Por ello, ante un conflicto con nuestro vecino, el engaño de alguien en quien confiábamos, o una ruptura sentimental, la mejor actitud es ver el lado bueno de la situación y analizarla como un desafío puesto delante de nosotros para que aprendamos la lección que la vida nos tenía reservada. Este es el único modo de vivir, siempre de frente y no de espaldas a la vida.

Sin embargo, es muy angustiante que las cosas nos vayan mal, a nadie le agradan los problemas... y sufrimos. ¿Es este el único camino para nuestro crecimiento?

Es natural que el fracaso y las decepciones nos aflijan, pero si miramos hacia atrás advertiremos que esos momentos de sufrimiento y dolor fueron hitos fundamentales en la formación de nuestra personalidad.

Si no, pensemos simplemente en algún acontecimiento pasado que nos haya hecho sufrir mucho, y analicemos luego las enseñanzas que dicho acontecimiento nos ha proporcionado. El resultado final de nuestro trabajo interior será reconocer que estamos satisfechos y contentos de ser quienes somos, que aceptamos nuestras virtudes y reconocemos nuestros defectos.

Veremos, luego de haber reflexionado, cómo realmente todo lo que nos sucede nos ofrece una oportunidad de transformación verdadera y profunda. Es la propia vida la que nos enseña las lecciones que necesitamos aprender; por eso es que vivimos aprendiendo y, constantemente, aprendemos viviendo.

*Somos nosotros quienes determinamos
nuestras vidas. Es un proceso que nunca acaba,
y en el cual toda elección y decisión tendrá un
único responsable: nosotros.*

Eleanor Roosevelt

Compromiso

3ª práctica

Asumir nuestra
responsabilidad

autoconocimiento

aprendizaje

compromiso

III

LA PRÁCTICA DEL COMPROMISO

ASUMIR NUESTRA RESPONSABILIDAD

1. Asumir compromisos

El miedo al sentimentalismo es el más
mezquino de todos los miedos.
Gilbert K. Chesterton

Sabemos que debemos hacernos cargo de las consecuencias de nuestros actos. Y sabemos también que esto supone un gran compromiso con uno mismo. Porque no aceptar la responsabilidad de nuestras decisiones puede poner en jaque nuestra propia identidad.

Así, hacernos responsables de nosotros mismos y asumir compromisos es la clave de una buena vida de relación. Como decía el Principito: "El tiempo que perdiste con tu rosa hace que tu rosa sea importante. [...] Los hombres han olvidado esta verdad. [...] Eres responsable para siempre de lo que has domesticado".

El pequeño príncipe decía una gran verdad, y es que muchas veces olvidamos que somos responsables de aquello a lo que hemos dedicado tiempo y esfuerzo, como nuestros hijos, nuestros amigos, nuestra pareja... Por desgracia, muchos no caemos en la cuenta de la magnitud de esa responsabilidad, y un día terminamos por abandonar aquello que una vez cuidamos con tanto esmero.

—¿Qué significa domesticar? —preguntó el Principito.
—Significa "crear lazos" —dijo el zorro. […] Solo se conocen las cosas que se domestican… Y los hombres ya no tienen tiempo de conocer nada.

Debemos tener muy claro que cuando establecemos una relación con otra persona, y esa relación fructifica dándonos la gracia de tener un amigo o una pareja, por el solo hecho de haber trabado esa relación somos responsables del vínculo que hemos establecido y de lo que supone ese vínculo.

Sin embargo, son pocas las veces que asumimos las relaciones en términos de responsabilidad para con el otro, y así sufrimos y salimos lastimados de ellas por no haber sido capaces de comprometernos en términos reales. Muchas veces, por descuido o negligencia, sin más, abandonamos a nuestro amigo, dejamos a nuestra pareja, nos alejamos de nuestra familia, como si nada nos hubiese comprometido, como si no los hubiésemos "domesticado".

—Entonces, si uno se deja domesticar corre el riesgo de llorar un poco —dijo concluyendo, el Principito.

Así es, en efecto: las personas crean lazos, se relacionan, se aman…, y luego, a veces, se alejan como si nada hubiera sucedido… y, en consecuencia, sufren.

Creo que coincidiremos si digo que es maravilloso sentirse necesitado. Y también estaremos de acuerdo en que hay que tener mucha valentía para ser capaz de decirle a alguien: "te necesito".

Sería muy alentador que hubiera más personas que expresaran sus sentimientos sin miedo ni vergüenza, porque debe ser muy lamentable llegar a la hora de la muerte sin haberle dicho a esa persona especial en nuestra vida que la amábamos.

Es un sinsentido más del convulsionado mundo de hoy, que cuando necesitamos más que nunca el afecto de los demás no haya espacio para el amor incondicional. Siempre existe un pero. Siempre una condición.

Y ¿cuál es la causa de que no podamos relacionarnos más fácilmente desde nuestros sentimientos?, ¿qué es lo que nos impide abrir el corazón a los demás?

La razón de tanta frialdad es que no llegamos a comprender lo esencial que significa tener cerca de nosotros a alguien que nos diga que nos querrá pase lo que pase, aunque nos equivoquemos o no seamos todo lo geniales que creemos ser, o incluso que el otro desearía que fuésemos. Estoy seguro de que si pudiéramos tener ese compromiso e intensidad en nuestras relaciones, ciertamente tendríamos todos un poco más de salud mental, y no sería el Prozac un artículo de primera necesidad.

> El muchacho entró con paso firme en la joyería y pidió el mejor anillo de compromiso que tuvieran. El joyero le mostró uno. La piedra hermosa, solitaria, brillaba como un diminuto sol resplandeciente. El muchacho contempló el anillo, y con una sonrisa lo aprobó. Preguntó el precio y se dispuso a pagarlo.
>
> —¿Se va usted a casar pronto? —le preguntó cordialmente el joyero—.
>
> —No —respondió el joven—. Ni siquiera tengo novia.
>
> La muda sorpresa del joyero divirtió al comprador.
>
> —Es para mi madre —dijo el muchacho—. Cuando yo iba a nacer, estuvo sola; alguien le aconsejó que me abortara, así se evitaría problemas. Pero ella se negó y me dio el don de la vida. Y tuvo muchos problemas. Muchos. Fue padre y madre a la vez, fue amiga y hermana, y fue además mi maestra. Me hizo ser lo que soy. Ahora que puedo, le compro este anillo de compromiso. Ella nunca tuvo uno. Se lo doy como promesa de que si entonces ella hizo todo por mí, ahora yo haré todo por ella. Quizás después entregue otro anillo de compromiso. Pero será el segundo.

El joyero no respondió. Discretamente, ordenó a la cajera que hiciera al muchacho el descuento que se reservaba a los clientes importantes.

¡Con cuánta frecuencia nuestro miedo a ser sentimentales quita a nuestra vida su real grandeza! La mayoría de las veces, por temor a que se nos considere blandos o débiles, no vacilamos en ocultar nuestra sensibilidad; apenas damos ritualmente las "gracias" cuando quisiéramos haber expresado un "Dios te lo pague", y a veces dejamos en un insípido "hasta luego" lo que en realidad significa en nuestro interior "voy a sentirme muy solo sin ti".

Es corriente confundir la autenticidad de un sentimiento con la sensiblería. Como resultado, nos contentamos con vivir y expresarnos superficialmente, cuando en realidad desearíamos vivir y expresarnos desde el fondo de nuestro corazón.

¿Quién no recuerda haber estado a punto de pronunciar palabras cálidas y emocionadas, para acabar ocultando su auténtico sentimiento en palabras más frívolas? Solemos creernos superiores cuando hacemos gala de indiferencia y poca sensibilidad; sin embargo, una vida sin sentimientos es lo mismo que un mundo desierto, sin flores, pájaros ni amaneceres.

Es importante tener la suficiente madurez para ser sinceros con nuestros sentimientos, expresarlos libremente y reconocer en el prójimo a un ser humano tan sensible y deseoso de afecto como nosotros mismos.

¡Seamos coherentes con nuestros sentimientos! ¡Demostremos a nuestros seres queridos todo nuestro cariño! Porque solo esta manera de actuar nos revelará un auténtico compromiso con nuestra propia vida.

2. El hombre primero

No existe una mejor prueba
del progreso de una civilización
que la del progreso de la cooperación.
John Stuart Mill

Es interesante advertir la influencia que ejercen las personas en la estructura de un emprendimiento común. Porque, así como en la familia o en la comunidad, en la propia empresa el factor más importante no es el financiero, ni el legal, ni el proyecto en sí mismo; el elemento que condicionará el futuro éxito o fracaso lo constituye ni más ni menos que el individuo, la persona. Sin esa especial persona, ningún proyecto sería viable.

Por eso, las empresas líderes son las que además de considerar los factores económicos, financieros y legales ponen un especial énfasis en el factor humano, en la convicción de que este será el elemento decisivo para su futuro éxito.

Un soleado día en mi ciudad natal, me encontraba en el aula de la universidad donde dictaba clases contemplando desde un sexto piso las nevadas montañas que asomaban por encima de los pocos edificios altos de la ciudad. En eso llegó el rector. Acomodando mi corbata, me acerqué a él.
—Buenas tardes, Carlos —le dije.
—Buenas tardes, Alfredo —me respondió alegremente. Hermoso e impresionante paisaje, ¿no?
—Sí —le respondí—, pero lo que más me sorprende es contemplar desde esta altura el tamaño que ha adquirido la universidad en tan pocos años, y el prestigio y reconocimiento de que goza actualmente al ser una de las más importantes del país.
—¡Así es! —me respondió, como esperando a que le dijera algo más.
—Pero dime una cosa —inquirí—: ¿cuál es el secreto de este éxito?

Acercándose a la ventana del aula, y dirigiendo su mirada al sector del campus reservado a los profesores y empleados que se encontraban de descanso, Carlos me dijo:
—Primero encuentro a las personas, ¡y después pongo los ladrillos!

Efectivamente, el individuo es el que da vida a toda iniciativa, y en el momento en que se compromete y comienza a soñar con el proyecto se transforma en el alma de este. Por ello, la tarea que tenemos por delante cuando deseamos emprender cualquier plan es buscar esas especiales y esenciales personas que ayudarán a dar vida a nuestro anhelado deseo, ya que en esa búsqueda estará la clave del éxito.

Una vez encontradas las personas adecuadas, el paso siguiente es permitirles asumir un verdadero compromiso con el plan. Y es en ese compromiso por el crecimiento y el desarrollo, tanto de una familia como de una empresa, donde estará el germen de nuestra prosperidad. Por lo que, a la hora de elaborar los objetivos y directrices de una organización, debo permitir la plena participación de todos, dejar que expresen sus opiniones y sugerencias, ya que esta especial consideración hacia ellos provocará su afecto y su compromiso con el proyecto.

Es un error muy serio diseñar las directrices solo con la participación de "algunos". Porque es evidente que el éxito o el fracaso dependerá de la plena intervención de *todos* los involucrados.

Esto resulta hoy evidente, ya que uno de los problemas fundamentales de las organizaciones, incluida la familia, consiste en que muchas veces sus integrantes no están comprometidos con las decisiones ni determinaciones de sus "líderes". Y esto sucede fundamentalmente porque no se les ha dejado participar en la elaboración de la estrategia.

En consecuencia, no sienten una pertenencia real a la organización, y no les convencen las decisiones de quienes los dirigen. No son, por así decirlo, "accionistas morales" de la empresa, lo que la transforma en un barco sin marineros, susceptible de naufragar al primer golpe de mar.

Porque es necesario y hasta imprescindible para lograr el éxito de una organización que las personas acepten invertir todo su talento en ella, lo que supone su plena participación e implicación en el proyecto. Y esta solo se dará cuando todos sus integrantes sean considerados, escuchados y valorados. Nunca antes.

¿Cuál sería la recomendación para la persona que desea llevar adelante un proyecto? El consejo es muy simple: o participan todos o no hay empresa viable, ya que "sin participación no existe compromiso".

Y una vez que he logrado que mis colaboradores participen en el proyecto, la pregunta es: ¿cómo consigo un buen nivel de compromiso? Y si lo obtengo, ¿de qué manera lo conservo?

En esta disyuntiva, el líder debe lograr ese compromiso en base a su carisma y valía personal, en la convicción de que su propio ejemplo será la guía fundamental para que los trabajadores se vean identificados y actúen de la misma manera que su líder. La misión de este es detectar el potencial de "su" gente y las barreras que pueden estar impidiendo que ese potencial se manifieste, como también elevar su conciencia, responsabilidad y confianza. El liderazgo debe fundarse en valores y principios que guíen el rumbo del proyecto, permitiendo a los empleados que se identifiquen con ellos; porque sin valores la empresa no existe.

Por ello, es básico que las personas sean capaces de expresar sus valores personales en el puesto que ocupan, ya que esto proveerá a la organización de individuos comprometidos; y cuando una persona se encuentra a gusto en su trabajo, la productividad mejora en forma singular. ¿No es así? Pensemos, si no, en nosotros mismos y en cómo mejoraría nuestro rendimiento si estuviéramos mucho más a gusto en nuestro actual trabajo.

Siempre es posible mejorar el rendimiento de la empresa; permitir que cada individuo participe verdaderamente en ella será el germen que hará al empleado involucrarse a fondo en el logro de los objetivos, y garantizará su total compromiso.

Es importante no olvidar que la persona es el factor determinante del progreso de una familia, una empresa, una comunidad o un país. Más aún, sin personas no hay sueño realizable.

3. ¡Cosecharás tu siembra!

La vida es un sistema energético.
Si nada te sale bien es culpa tuya, y cuando
te hayas dado cuenta de que lo que aportas
configura tus circunstancias, dejarás de ser una víctima.
Andrew Matthews

Existen en la naturaleza principios que guían el desarrollo de la vida, y cuanta más conciencia tengamos de ellos, mejor podremos comprender nuestro comportamiento y sus consecuencias.

Toda acción que realizamos genera una suerte de energía que vuelve a nosotros en igual magnitud, por lo que aquello que sembramos hoy, tarde o temprano será cosechado. En consecuencia, cuando hacemos algo que trae felicidad y armonía a los demás, el fruto de nuestro comportamiento será necesariamente, y aunque no lo hayamos buscado, de felicidad y armonía para nosotros mismos. Somos como transformadores de energía, y solo podemos recibir tanta energía como la que liberamos.

Nuestra vida es un sistema de energías. Por lo tanto, si hoy algo nos sale mal, por la circunstancia que sea, la lectura correcta de dicha situación no es echarle la culpa a otro, sino entender que el resultado es de nuestra exclusiva responsabilidad y de nadie más. Existe una causa y un efecto que nos responsabiliza de los resultados de nuestros actos.

Una tarde de otoño me dirigí hacia la casa de gobierno de la provincia de Mendoza, ciudad donde nací y viví muchos años. Subí lentamente las escaleras del imponente edificio hasta la antesala del gran despacho del fiscal de Estado, donde me recibió María del Carmen, su fiel y eficiente secretaria, y amiga mía, a quien le había pedido la cita.

Cuando finalmente se abrió la maciza puerta de madera, apareció el fiscal con su cara más alegre, siempre dispuesto a recibir a los ciudadanos por los que trabajaba. Me saludó entre agradecido y sorprendido ante la causa por la que había pedido audiencia.

Mi intención era sencillamente felicitarlo, como simple ciudadano de Mendoza, por su labor en favor de los más necesitados de la provincia. Luego de unos minutos de amable conversación, le entregué una pequeña esquela con mi modesta expresión de reconocimiento, y puse en su mano una espléndida navaja que había adquirido hacía unos meses en la ciudad de Toledo, en un viaje reciente a España. Una hermosa pieza del metal más noble y fuerte conocido.

Nunca antes había visto al fiscal, pero mi gesto genuinamente desinteresado al valorar el trabajo y sacrificio de ese hombre accesible y amable me dejó una grata sensación de satisfacción interna y gozo personal. Y lo peculiar del caso ocurrió años más tarde cuando nos reencontramos. Yo era abogado y él un político reconocido. Sucedió que desde ese momento Aldo se transformó en un verdadero padrino de profesión para mí, y hasta el día de hoy es uno de mis buenos amigos.

Porque, nos guste reconocerlo o no, lo que hoy nos sucede no es más que la natural consecuencia de nuestras acciones del pasado. Ya que en el momento de tomar una decisión y actuar de acuerdo con ella estamos forjando nuestro propio destino y el futuro que nos espera.

Entonces, cuando finalmente hayamos entendido que todo lo que nos sucede es resultado de nuestro comportamiento, dejaremos allí, en ese punto, de ser víctimas de nuestros "errores" y tomaremos el timón de nuestras vidas, sabiendo que, en adelante, gobernaremos aquello que nos pase.

Todos conocemos el dicho que expresa una gran ley natural y universal: "Siembra con esmero, cuida con dedicación y recogerás una abundante cosecha". Pues bien, la propia naturaleza nos encamina a labrar con esfuerzo el campo donde sembraremos las semillas para, luego de regarlas y cuidarlas con paciencia, poder cosechar el fruto jugoso de un trabajo bien realizado.

Sin embargo, hoy la gente valora más las soluciones rápidas y efectistas, la ley del menor esfuerzo. ¿No es acaso lógico que así sea?

El problema de nuestra actual sociedad lo constituyen precisamente las soluciones rápidas, porque ellas no son reales. La naturaleza no conoce atajos, y esto lo vemos cuando con frecuencia advertimos que el remedio es peor que la enfermedad. Forzar las situaciones para hacer "nuestra voluntad" no nos conduce a ningún sitio, y nos muestra que las soluciones rápidas suelen acabar en pesadilla. Ejemplos de ello son la manera en que muchos políticos y líderes autodenominados "salvadores" nos engañan descaradamente, así como nos deterioran la salud las comidas rápidas, y cada día en la televisión vemos cómo muchos buscan un éxito instantáneo y sin legítimo merecimiento.

La naturaleza dice: "Siembra y cosecharás". Pero es preciso el esfuerzo continuado en pos de nuestros objetivos, ya que si no estamos persuadidos de ello, como hacen la mayoría de los atolondrados, intentaremos recoger el fruto de nuestro esfuerzo en forma prematura, y con ello estropearemos la cosecha.

Este principio de causa y efecto es uno de los que rige nuestra vida, nuestras relaciones, nuestros triunfos y fracasos; por lo que los frutos que obtengamos serán consecuencia del esmero con que hayamos cuidado nuestra siembra.

Entonces, elijamos correctamente. ¿Cómo? Dejando de lado las historias de culpas y empezando a sentirnos responsables de las cosas que hacemos. Esa es la palabra clave: responsabilidad, no culpa. *Responsable*: con capacidad de responder. Debemos hacernos cargo de nuestros actos, a pesar de que hayan sido equivocados, porque tampoco tenemos la obligación de cumplir con las exigencias de nadie. No queramos ser perfectos.

Por ello, antes de tomar la difícil decisión de cómo actuar en una determinada circunstancia, y antes de pensar en las opiniones de los demás, debemos preguntarnos: ¿cuál será el efecto y la consecuencia futura de esta acción? ¿Mejorará mi vida y la de los que me rodean? ¿Podré hacer frente a la consecuencia perjudicial de mi actuación si esta se produce? ¿Soy consciente de esa posible consecuencia?

Seamos responsables entonces de esas consecuencias y hagámonos cargo de los resultados de nuestras acciones. Podemos elegir: asumir nuestra responsabilidad por las consecuencias de los frutos recogidos, o considerarnos débiles e indefensas víctimas de nuestra cosecha. ¡De nosotros depende!

Como expresó en el sermón durante una confirmación el párroco de mi iglesia: "¡Esfuérzate por cuidar tu semilla a cada instante! Dios te la dio porque desea bendecir tu vida. Y recuerda: no te canses nunca de hacer el bien, porque todo lo que siembres algún día lo cosecharás".

4. Expulsar las culpas

El caballero se culpa a sí mismo,
mientras que el hombre ordinario culpa a los demás.
Anónimo

Para iniciar el verdadero camino hacia el aprovechamiento de nuestras experiencias, es fundamental eliminar ese cruel enemigo que es la culpa. Junto con los propios miedos, la culpa produce un efecto devastador en nuestra autoestima, bloqueando el razonamiento a tal punto que nos impide hacernos responsables de nuestras decisiones actuales.

¿Cómo expulsar la culpa de nuestra vida?

Eliminar la culpa supone el gran paso de darnos cuenta de que no somos omnipotentes, y que, por tanto, como cualquier otra persona, cometemos errores. Estrechamente relacionada con la culpa está nuestra propia manera de exigir y de exigirnos, porque muchas veces nos sentimos culpables como consecuencia de haber sido demasiado rigurosos con nosotros mismos. En suma, nos sentimos culpables porque nos creemos infalibles y no nos permitimos ni un tropiezo.

Muchas veces, por la necesidad que sentimos de agradar a los demás y que todos vean que somos estupendos, nos exigimos al máximo; y luego caemos en una gran decepción si nos equivocamos o si no podemos cumplir con nuestras propias expectativas. La trampa está en que cuanto más superior me sienta, más probable será mi convencimiento de que puedo manejar todas las situaciones que se me presenten en la vida.

Y así es como muchos se creen superiores a los demás, al asumir que solos pueden controlarlo todo. Su problema es que son extremadamente exigentes consigo mismos, y su angustia es inevitable, ya que la culpa por no ser perfectos y haber cometido algún error en la vida les atenaza la alegría de vivir.

Luis vivió torturado durante muchos años por el recuerdo de una travesura estudiantil en la que, desgraciadamente, perdió la vida uno de sus amigos. El recuerdo de aquel acto juvenil inconsciente, de terrible consecuencia, lo atormentaba: cambiaba de empleo continuamente e incluso llegó a separarse de su mujer después de seis años de matrimonio. Un día, sin embargo, se operó un cambio rotundo en él: volvió a ser alegre y satisfecho; recuperó su empleo, y hasta su mujer regresó a su lado. En cierta ocasión me contó cómo había recobrado la calma.

"No podía dejar de pensar en la horrible consecuencia de mi acto. El sentimiento de culpa me helaba la alegría en los labios; a veces, antes de estrechar la mano de alguien la retiraba avergonzado, y el remordimiento había levantado una muralla entre mi mujer y yo. Cierto día recibí la visita de la persona cuya presencia yo más temía en este mundo: la madre de mi amigo fallecido.

"—Hace años —me dijo ella—, después de rezar mucho, conseguí perdonarte; tu mujer te perdonó también, igual que tus amigos, y todos los que te conocen.

"La mujer hizo una pausa, y continuó con tono a la vez severo y comprensivo: —Tú eres el único que no te has perdonado. ¿Quién te crees que eres para oponerte a todos, incluso a nuestro Señor mismo?

"La miré a los ojos —me contaba Luis— y leí en ellos una especie de permiso para ser el que yo hubiera sido si su hijo viviese. Por primera vez en mi vida me sentí digno de amar y de ser amado."

Perdonar nuestras propias flaquezas y errores, por terribles que hayan sido, y asumir al mismo tiempo la responsabilidad por nuestros actos es el único medio de alcanzar la libertad de aprender mediante la experiencia. Porque el hecho de perdonarnos nos permite afrontar honradamente y con mayor sentido nuestra propia realidad.

Así que, ¡aceptémonos como somos! ¡Tengamos emociones! ¡Seamos libres de sentir!, y reconozcamos en consecuencia que nuestros sentimientos y reacciones son de nuestra exclusiva propiedad, porque yo tengo el dominio sobre mi propia vida. Nadie me hace sentir mal: *yo* decido sentirme mal. Nadie hace que esté alegre, *yo* tengo el poder sobre mí mismo, *yo* puedo decidir sentirme alegre o triste.

Dejemos de considerarnos culpables por lo que no supimos hacer; no pretendamos ser perfectos. En lugar de ello, intentemos buscar un mejoramiento gradual de nuestra persona, solo así nos prepararemos como buenos "alumnos" para recibir trascendentes "lecciones de vida".

Entonces, cuando cometamos un error, admitámoslo, corrijámoslo y aprendamos de él. No nos culpemos a nosotros mismos ni mucho menos acusemos a otro, ese otro que siempre estará allí para ser objeto de nuestra descarga de responsabilidad. En fin, trabajemos sobre lo único que controlamos: nosotros mismos.

Porque son aquellas marcas y cicatrices las que demuestran la importancia de nuestra batalla. Y solo reconociendo lo que hoy somos, como consecuencia de nuestras elecciones de ayer, lograremos ser auténticamente responsables de nuestras reacciones ante la vida.

Si logramos evitar cuestionarnos y juzgarnos duramente por todo lo que hacemos, no tendremos motivos para sentirnos culpables; y sin sentimiento de culpa, la vida será mucho más placentera.

5. Una buena comunicación

Cuando tratamos de descubrir lo mejor
que hay en los demás, descubrimos lo mejor
de nosotros mismos.
William Arthur Ward

En la vida todo es comunicación. Por ello, con frecuencia, nuestro éxito depende de la capacidad que tengamos de relacionarnos con las personas, de comunicarnos con ellas e incluso con nosotros mismos. Cuando no somos buenos en nuestras relaciones parece que el éxito nos esquiva, y las cosas no van como deseamos: tenemos problemas con nuestra pareja, con el jefe, con los amigos o, lo que es peor, no tenemos pareja, ni jefe, ni amigos.

Es posible que en nuestras relaciones cotidianas nos encontremos con personas que requieran de nuestra ayuda para resolver un problema. Es precisamente en esta circunstancia que resulta fundamental que comprendamos las reglas básicas de una buena comunicación. Es decir, que antes de aconsejar u opinar acerca de cualquier asunto que nos sometan a consideración debemos primero entender el problema.

Porque si pretendemos ayudar a los demás con nuestras palabras, es fundamental conocer el principio o clave básica de la comunicación interpersonal que supone que primero debemos intentar comprender y luego ser comprendidos.

Es menester, pues, para lograr una buena comunicación, empezar por comprender sinceramente la posición de la otra persona. No basta con el simple empleo de técnicas de comunicación aprendidas de antemano, sino poseer una sincera apertura al problema ajeno, ya que si se actúa solo con la técnica y sin el corazón la consecuencia inmediata será que la persona a quien intentamos ayudar nos percibirá falsos, e interpretará que solo queremos manipular la situación y que no somos sinceros. En ese preciso momento se habrá roto la comunicación, junto con la confianza que hasta entonces pudiéramos haber ganado.

Siempre es preciso comprender y abrirse sinceramente al otro antes de evaluar un problema y prescribir una solución. Comprender, antes que nada. Debemos escuchar a la persona, y solo cuando nosotros mismos seamos capaces de explicar su punto de vista tan bien como lo hace ella, podremos expresarle nuestra posición, pero nunca tratando de convencerla para que tome una decisión, porque entonces sería nuestra, sino acompañándola, indicándole las señales, guiándola y marcando pautas, para que ella misma descubra la vía más adecuada; esto es: su propio camino.

¿En cuántas ocasiones convencimos a algún familiar, amigo, o a nuestra propia pareja, esgrimiendo argumentos o posturas que en el fondo eran lejanas a nuestro verdadero pensamiento? ¿Cuántas veces disfrazamos el discurso para lograr nuestros objetivos?

Si actuamos guiándonos únicamente por las técnicas, la falta de coherencia entre lo que pensamos y lo que hacemos será percibida como una forma de manipulación, y perderemos la confianza del otro. No importa la retórica utilizada o nuestras buenas intenciones; si no existe confianza o esta es escasa, faltará la base de una buena relación interpersonal.

Y el valor de nuestra comunicación se encuentra en la respuesta que obtengamos. Ello dependerá de un sutil juego de factores, donde será crucial nuestra flexibilidad como comunicadores. Tenemos que ajustar y afinar esa capacidad, para obtener la respuesta adecuada, y no suponer que la falla se encuentra en el receptor de nuestro mensaje.

El norteamericano Karl Speak, creador de marcas personales, decía en una oportunidad ante un nutrido auditorio: "Si quiere mejorar su marca personal, pregúntele a todos sus conocidos y amigos qué es lo que menos les gusta de usted. Las respuestas le darán qué pensar."

Esas señales externas en forma de opiniones de otros son un válido e interesante indicador de cómo nos perciben los demás, de cómo nos ven; y, por ende, de lo que debemos cambiar para adecuar lo que estoy comunicando a lo que quiero transmitir.

Porque no existen fallas reales en la comunicación. Si la respuesta obtenida no es la que esperamos, aun así debemos tomarla como una respuesta útil, porque nos proporciona información que nos servirá para modificar nuestra actuación y poder conseguir al fin los resultados deseados.

Es de tal relevancia contar con una adecuada comunicación en todos los órdenes de nuestra vida que no solo es importante que el individuo que comunica posea un carácter bien trabajado y una conducta verdadera y libre de apariencias, sino que la forma en que lo haga sea delicada y armoniosa, porque muchas veces solo la *forma* en que decimos las cosas puede modificar el ánimo y la disposición de quienes nos escuchan.

Un rey soñó que había perdido todos los dientes. Al despertar, mandó llamar a un sabio para que interpretase su sueño.

—¡Qué desgracia, mi señor! —exclamó el sabio—. Cada diente caído representa la pérdida de un pariente de vuestra majestad.

—¡Qué insolencia! —gritó el rey enfurecido—. ¿Cómo te atreves a decirme semejante cosa? ¡Fuera de aquí!

Llamó a la guardia y ordenó que le dieran cien latigazos. Pidió que le trajesen a otro sabio, y le contó lo que había soñado. Este, después de escuchar atentamente al rey, le dijo:

—¡Excelso señor! Gran felicidad os ha sido reservada. El sueño significa que sobrevivirás a todos vuestros parientes.

El semblante del rey se iluminó con una gran sonrisa, y ordenó que le dieran cien monedas de oro. Cuando el segundo sabio salía del palacio, uno de los cortesanos le dijo admirado:

—¡Cómo es posible! La interpretación que habéis hecho del sueño del rey es la misma que la del primer sabio. No entiendo por qué mandó al primero que le dieran cien latigazos y a ti te paga con cien monedas de oro.

—Recuerda, amigo mío —respondió el sabio— que todo depende de la forma de decir las cosas. Porque una de las tareas más difíciles del hombre es aprender a hablar a los otros.

Así es, en efecto: de la comunicación depende, muchas veces, la felicidad o la desgracia de los hombres…, la paz o la guerra. Que la verdad debe privar en cualquier situación, no cabe duda, mas la forma en que sea comunicada es una cuestión que provoca, en muchos casos, grandes problemas.

La verdad puede compararse con una piedra preciosa. Si la lanzamos contra el rostro de alguien puede herir; en cambio, si la ponemos en un delicado envoltorio y la ofrecemos con ternura, podrá ser aceptada con agrado. Lo que haga sentir esa verdad dependerá en buena medida de la forma en que sea comunicada.

Es así, lo desagradable y malo puede provenir, simplemente, de una mala comunicación; lo agradable y bueno, de una buena.

6. Ganar de a dos

> *El principio ganar/ganar no es una técnica,*
> *es una filosofía, una estructura de la mente y*
> *el corazón que procura el beneficio mutuo*
> *en todas las interacciones humanas.*
> Stephen Covey

Si hablamos de la estrategia necesaria para alcanzar nuestros objetivos, podemos decir que la única interacción positiva con otra persona, a fin de obtener un resultado favorable a mis intereses, es aquella en la que ambas partes salimos beneficiadas. En verdad, no existe la posibilidad de que una gane si la otra pierde.

Esta actual actitud empresarial deriva del principio de vida social participativa, en donde no existen –no deben existir– perdedores. La vida de interacción grupal es un escenario cooperativo, no competitivo, donde, idealmente, todos salimos favorecidos, y se basa en la noción de conciencia social, en la convicción de que hay suficiente campo de actuación para todos, y que el éxito de uno no tiene por qué traer aparejado ni debe hacerse a expensas del fracaso de otro.

Esta nueva mentalidad progresista parte del reconocimiento del valor personal de cada individuo. En el mundo hay bastante para que nadie se quede sin lo suyo. Todos pueden ganar. Porque si en la relación con mi vecino no ganamos los dos, ambos perderemos a largo plazo, ya que *ganar* es, en todos los casos, la única alternativa para una relación equilibrada, segura y satisfactoria.

Fernando, el hijo de mi querida amiga y escritora María Rosa, es un joven informático que trabaja por cuenta propia. Ha elegido su profesión con una vocación auténtica y se siente a gusto con lo que hace. Sin embargo, un problema familiar hace unos meses lo puso en la necesidad de tener que aumentar sus ingresos. Casualmente, tuvo la suerte de que le ofrecieran un puesto de trabajo. El dilema que se le planteó fue que, según pensaba, de aceptar la propuesta perdería su independencia. Estaba acostumbrado a moverse libremente, organizando sus horarios y su propio trabajo, y le angustiaba la idea de perder esa libertad.

Por otra parte, necesitaba ese ingreso extra, y esto lo hacía sentir que estaba en una situación sin salida. A pesar de su juventud, Fernando es muy reflexivo; y luego de un primer momento, se decidió con madurez a plantear a la empresa una opción beneficiosa para ambas partes.

Acordó dedicar medio día exclusivamente a la empresa, reservándose las tardes para conservar a sus clientes particulares y así poder mantener su futuro profesional independiente. Esta modalidad de contrato resultó beneficiosa para los dos. Fernando pudo trabajar para la empresa y completar así el ingreso que necesitaba, al tiempo que conservaba aquello que tanto representa para él: su libertad e independencia.

¿Cómo encontró Fernando la solución a su particular dilema? ¿Cómo hizo para mantener sus propios valores y deseos, y al mismo tiempo ceder para lograr un acuerdo?

Lo que Fernando hizo fue reflexionar. Pensó primero en sus puntos débiles: ante todo, la falta de capital que por el momento le impedía proseguir con su propia empresa. Consideró también las amenazas: la posibilidad de perder su independencia y libertad al tener que aceptar un trabajo a tiempo completo.

Apoyado en sus puntos fuertes, con flexibilidad para escuchar y dialogar, se presentó a la empresa planteando con madurez y sinceridad su situación, con lo que obtuvo un acuerdo evidentemente beneficioso que respetaba sus necesidades y sentimientos. Lo habían logrado: tanto la empresa como Fernando habían "ganado".

La mejor negociación a la que podemos arribar es la que transforma en "ganadores" a ambas partes, porque la libertad que proporciona esta actitud es verdaderamente increíble. ¡Hagan la prueba! Verán cómo si se ejecuta este principio con madurez y sinceridad, se obtendrán resultados asombrosos. Aunque admito que, tal como se manejan habitualmente las cosas, puede ser preciso una gran dosis de coraje para plantear una negociación dentro de esos parámetros.

La práctica de este especial principio supone poseer un carácter fuerte para intentar transmitir al otro nuestras ideas. Esto es, valorarme e intentar transmitir ese valor, lo que fructificará en positivos acuerdos. Es necesario, además, poseer una gran madurez interior, y el respeto imprescindible por la otra parte para entablar una buena relación. La clave reside en el coraje y la capacidad que tengamos para expresar nuestros pensamientos, sentimientos y convicciones. Todo ello, sin perder de vista el respeto y la aceptación que demostremos hacia los demás.

Es así que para recurrir a esta especial clave de *ganar* cueste lo que cueste, uno no solo debe ser amable, sino también valiente. No solo debe aceptar al otro, sino además poseer confianza en sí mismo; no solo debe ser considerado y sensible, sino también muy fuerte y maduro. Lograr ese difícil equilibrio entre coraje y consideración es la clave para el éxito recíproco. Significa, finalmente, la tranquilidad y el aplomo de saber poner las cartas sobre la mesa, aun cuando sepamos que el otro ve las cosas de manera distinta.

Este modo de relacionarse es una fuerte prueba para nuestro liderazgo interpersonal, que va por el camino de un liderazgo de transformación, porque modifica tanto a los individuos involucrados como a su propia relación. Y de esta particular relación surgen los acuerdos que, al mismo tiempo que aclaran las expectativas, dan la base para el éxito del proyecto común.

En mi ejercicio profesional de abogado y mediador de conflictos he participado en numerosos procesos de mediación entre personas coléricamente enfrentadas. En una mediación muy particular que llevé a cabo, eran marido y mujer los involucrados. Estos habían contratado a sendos abogados para defender sus respectivas posiciones, pero a medida que se desarrollaba la mediación y los abogados de las partes intervenían, la comunicación entre los esposos se deterioraba cada vez más. Hasta que la tensión entre ellos llegó a tal punto que consideraron no seguir el proceso y recurrir directamente a los tribunales.

—¡Eres una manipuladora! ¡Siempre quieres salirte con la tuya, siempre quieres más! ¡Nunca debería haber aceptado esta mediación! —dijo enfurecido el marido.

—¡El que quiere siempre más eres tú, porque la casa y la mitad del negocio me corresponden por haberte sido fiel durante estos veinte años, algo de lo que tú no puedes presumir! —respondió con sarcasmo la dolida esposa.

—¡Esto es el colmo! ¿Ahora tengo que soportar que me insulte en público? ¡Se acabó, me voy, ya nos veremos en los tribunales!

Ante semejante escena, y dando ya la sesión por perdida, detuve al esposo a punto de abandonar la sala y formulé una pregunta que podría parecer inesperada en esas circunstancias:

—¿Les interesaría obtener una solución equilibrada en la que ambas partes se sintieran satisfechas?

—¡Por supuesto! —dijeron al unísono los esposos, no sin cierto asombro.

Les expliqué las bondades del concepto ganar/ganar de Stephen Covey y estuvieron de acuerdo en trabajar los siguientes meses con un programa diseñado por mí basado en sus postulados.

La reacción final fue tan sorprendente que al cabo de un mes estaban firmando el acuerdo transaccional que ponía fin a sus eternas discusiones. Y lo mejor de todo: ambos se manifestaron conformes con el acuerdo. Lo habían logrado. Las dos partes habían ganado.

7. Relaciones que funcionan

El verdadero líder es ante todo creador,
generador y arquitecto de confianza.
Robert Dilts

En una oportunidad, Emanuelle, un directivo italiano consultor, durante un seminario de empresa me dijo: "Actualmente, en el mundo, más del setenta por ciento de los negocios siguen siendo negocios familiares".

Este dato me dejó pensando en la maquinaria de relaciones y emociones que encontramos hoy en la empresa, y que es necesario tener muy en cuenta a la hora de gestionar su dirección.

En especial me quedé reflexionando sobre la enorme tarea que supone educar a los empleados y familiares de esas organizaciones en modelos de coaching e inteligencia emocional que les permitan construir relaciones interpersonales eficientes.

> Oriol, director general de una compañía de seguros a la que asesoré en Barcelona, se sentía agobiado. Había sacrificado su vida afectiva en pos de mayores logros económicos pero, aunque era un ejecutivo brillante con una sólida carrera en una gran empresa, notaba que algo no funcionaba.
>
> La relación con sus colegas era tensa y fría, sus subalternos oscilaban entre el temor y un rencor encubierto. Por suerte, la directiva de la empresa marcaba ahora una línea de trabajo más flexible y con mayor grado de apertura, pero él sentía que los esfuerzos que hacía por acercarse a sus dirigidos no eran apreciados. Su seguridad se resquebrajaba progresivamente. Fue entonces cuando un día le pedí que me acompañara a un seminario sobre liderazgo y motivación de equipos. Durante mi alocución, expuse ampliamente el concepto de liderazgo integrador y de relaciones que funcionan.
>
> Al día siguiente me dijo entusiasmado que por fin había comprendido el nuevo rumbo que debía llevar su vida. En breve, comenzó a mejorar internamente, con esfuerzo y sacrificio. Entendió que lo primero en nuestras relaciones son las personas, y que si uno se encuentra equilibrado, sus vínculos interpersonales seguirán el mismo camino. Porque cuando uno logra la armonía interna, refleja ese estado de bienestar. Como consecuencia inevitable, los negocios florecen.

¿Se puede trasladar este concepto sobre las relaciones al liderazgo personal? ¿Es posible encontrar la clave de cómo ser un buen líder?

La respuesta es: sí. Posicionarnos como protagonistas de nuestro liderazgo supone ser capaces de generar relaciones eficaces con las personas con las que vivimos y a las que dirigimos. Porque debemos saber motivar e incentivar a los empleados, al mismo tiempo que les transmitimos entusiasmo y pasión con nuestro ejemplo de gestión.

El buen líder es un motivador nato. No da órdenes, sino que comparte objetivos; no sanciona: detecta, neutraliza y disuelve los obstáculos que encuentra en el desempeño de las personas y equipos que están bajo su responsabilidad. Es alguien entrenado para detectar dónde "se atasca la sierra", y descubrir el punto de inflexión donde la persona encuentra barreras limitativas de su capacidad para desempeñarse productivamente.

Una de las principales herramientas del buen líder en la búsqueda de esos "puntos de fricción" es la aplicación correcta de la *inteligencia emocional* en el diálogo con su equipo. Poder determinar el grado de conciencia emocional de las personas y equipos es una habilidad prioritaria para todo líder o *coach* exitoso. Esta graduación se detecta con un adecuado diagnóstico por parte del entrenador, lo que le permite conocer las emociones básicas que dominan al grupo, la organización o el equipo en el que se mueve.

Pero, ¿qué papel juegan las emociones en una empresa?

Un papel muy importante, ya que son nuestras emociones las que nos mueven a hacer las cosas, predisponiéndonos a actuar de una manera determinada. Y porque en lo que hacemos se refleja lo que somos, es imprescindible entender las emociones que nos hacen ser. Ese flujo emocional que domina contagiosamente al grupo es lo que posibilita el éxito de todo proyecto. Porque sin la asistencia de esa inteligencia múltiple, el mismo resultado no habría sido posible.

Las investigaciones dirigidas por prestigiosas instituciones como la Universidad de Harvard y el Stanford Research Institute han demostrado que solo un 15% de las razones por las cuales una persona sale adelante en su campo está relacionado con sus habilidades y conocimientos técnicos.

El 85% restante de las razones por las que las personas logran destacarse y triunfar personal y profesionalmente tiene que ver con su actitud, su nivel de motivación y su capacidad para desarrollar relaciones positivas con los demás.

Entonces, si tan importantes son las relaciones personales, ¿cómo puedo lograr en la empresa la necesaria sintonía con mis empleados?

Para conseguir esa buena relación con las personas que integran la empresa, debe existir en el directivo una gran capacidad de diálogo y de escucha activa, desafío que, aunque parezca extraño, rara vez se logra al no practicarse esa habilidad emocional. Sucede que muchas veces no somos nada empáticos, no prestamos atención al oír al otro; es decir, la mayoría de las veces no escuchamos. Por ser esta una habilidad poco practicada, es difícil encontrar a algún directivo que la ejerza realmente en su actividad laboral cotidiana. Por desgracia, no sabemos escuchar.

Hoy en día, las empresas son justamente valoradas por su dimensión emocional y el nivel de conciencia emocional que transmiten, no solo a sus empleados, sino también a sus clientes. Sin embargo, hay personas que consideran mucho más eficiente como sistema de dirección el de control, mando y sanción.

¿Acaso no hay grandes empresas que funcionan así?

Es verdad, muchos todavía están convencidos de que es más fácil conducir desde patrones que causen miedo. No entienden que si se crean empresas identificadas con monstruos que manipulan, en realidad se estará estimulando el recelo y la desconfianza, y así se cierran puertas.

Es el caso de una empresa que un día entendió que había llegado el momento de cambiar el estilo de gestión, y para ello contrató a un nuevo gerente general, que llegó con la determinación de hacer cambios y aumentar la productividad de la empresa. El primer día, acompañado por sus principales colaboradores, hizo una inspección en la planta. Todos estaban trabajando, salvo un joven al que vio recostado contra la pared con las manos en los bolsillos. Viendo una buena oportunidad para dejar bien clara su filosofía de trabajo, el nuevo gerente le preguntó al muchacho:

—Joven, ¿cuánto gana usted por mes?
—Cuatrocientos euros señor. ¿Por qué lo pregunta? —respondió este sin saber de qué se trataba.
El gerente sacó 400 euros del bolsillo y se los entregó, diciéndole:
—Aquí tiene el sueldo de este mes. Ahora desaparezca, y ¡no vuelva nunca más!
El joven calladamente guardó el dinero y se fue, de acuerdo con las órdenes recibidas.
El gerente entonces, orgulloso, preguntó a un grupo de operarios:
—¿Alguno de ustedes puede decirme qué hacía ese joven?
—Sí, señor —respondieron atónitos—, vino a entregar una pizza.

Existen muchas personas que tienen tantas ganas de mandar, que se olvidan de pensar.

Este, por desgracia, es un modelo que aún existe en las empresas. Y es justo reconocer que todavía hoy, como años atrás, una de las competencias más débiles de los directivos es precisamente la gestión del rendimiento y la motivación de sus propios colaboradores. Es así como la buena preparación técnica del directivo ha contrastado siempre con el bajo nivel de su competencia relacional. Ello ha propiciado que se produjeran modelos "duros" de gestión empresarial, incompatibles con un correcto y flexible desarrollo del capital intelectual y humano de la empresa.

¿Cómo solucionar este desequilibrio? ¿Cómo acabar con los modelos rígidos de gestión empresarial?

Estoy convencido de que para lograr un adecuado manejo de los valores intelectuales y humanos de la empresa es necesario sustituir el miedo, la desconfianza y el rechazo que produce la autoridad por la facultad del líder de manejar equilibradamente los componentes emocionales que producen confianza. Por eso, el mayor tiempo de la actividad gerencial debería estar dedicado a practicar las más útiles de las aptitudes emocionales: la empatía, la flexibilidad, el autocontrol, la escucha activa, la tolerancia…, con lo que, al mismo tiempo, se está motivando a todo el equipo, con la finalidad de que dé lo mejor de sí para la organización.

¿Cuál es el camino para lograrlo? ¿Cuál es el futuro de la empresa moderna?

El futuro de las empresas pasa por el desarrollo de programas de coaching, liderazgo e inteligencia emocional que enseñen a los directivos las herramientas indispensables de gestión de personas que permitan que sus dirigidos se sientan verdaderos seres humanos con una tarea o misión ilusionante, y no simples "recursos humanos".

Kant nos da la idea central: "Tratar a los demás como fines en sí mismos, no como medios para nuestros fines". Porque podemos encontrar a alguien que escriba el informe que necesitamos, pero debemos reconocer al que lo hace como un ser humano, no como una máquina de escribir informes.

El verdadero signo de fortaleza de un directivo de empresa es permitirse el lujo de ser equilibrado, porque para ser un jefe respetado debe uno respetar igualmente a sus empleados.

Por poco que se ande en el mundo de los negocios se descubre que lo más relevante e imprescindible en una empresa son las relaciones humanas. Es simple: sin la persona no existe el negocio. Y así es como funciona el mundo: las familias, los grupos sociales, los equipos y los negocios que salen adelante son aquellos en los que las relaciones entre sus integrantes son exitosas.

Porque cuando las relaciones entre las personas marchan correctamente, todo lo que ellas hagan funcionará. Es así que los líderes de las grandes empresas son los que dominan el arte de construir relaciones eficaces. Relaciones verdaderas. Relaciones que funcionan.

Sentir gratitud y no expresarla
es como envolver un regalo y no darlo.

William Arthur Ward

Gratitud

4ª práctica

Ser agradecido

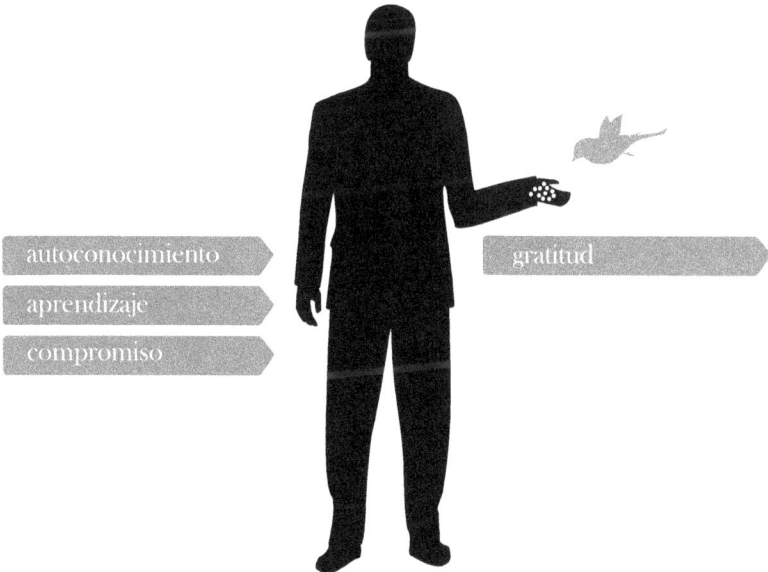

autoconocimiento

aprendizaje

compromiso

gratitud

IV

LA PRÁCTICA DE LA GRATITUD

SER AGRADECIDO

1. Dar gracias a la vida

*Solo tenemos que hacer una petición
lo bastante clara y nos llegará todo
lo que anhela nuestro corazón.*
Shakti Gawain

Es bueno pensar todas las mañanas y todas las noches con gratitud en lo bueno que hay en nuestra vida, y no dejar de hacerlo hasta sentir nuestro corazón henchido de gratitud y amor. Es simple: cuando agradecemos lo que tenemos, atraemos más bendiciones sobre nosotros. Por ello, una de las claves de la felicidad es el agradecimiento con la vida.

Los padres de John Demartini, prestigioso investigador y escritor norteamericano, le aconsejaban con frecuencia: "Valora todo lo que tienes, hijo". En ese tiempo, John no se daba cuenta de la enorme sabiduría que contenían esas palabras. Sabía que querían decir que valorara y agradeciera lo que tenía, pero no sabía por qué. Y menos aun que aquello que él agradeciera iría creciendo. Más tarde, cuando ya era mayor, John comenzó a ver y experimentar el poder de la gratitud, y a comprender la profundidad de la orientación que le habían dado sus padres.

"¡Qué regalo me hicieron para la vida!", comenta con alegría a todo el que quiera escucharlo. "Ahora, cuando me despierto por las mañanas, y antes de dormirme, agradezco todo lo que tengo, y presto atención a la sabiduría de mi corazón y de mi alma", concluye entusiasmado.

Cuando hablo de dar las gracias, no me refiero solo al sentimiento interno de gratitud, sino que también hablo del hecho de agradecer en forma concreta a aquellos que nos hacen la vida más llevadera y ponen ese toque de armonía tan necesario en nuestros días.

Una tarde de primavera del año pasado, tomé un taxi hacia el centro de la ciudad para asistir a una reunión con un ejecutivo de empresa. Por la expresión del chofer, y por su manera brusca de cambiar las velocidades, comprendí que se hallaba disgustado; me animé a preguntarle qué le ocurría.

—Tengo buenas razones para estar de mal humor —gruñó. Esta mañana uno de mis pasajeros se dejó olvidada una cartera que contenía una respetable suma. Lo busqué durante más de una hora, y finalmente lo encontré en un hotel. Recibió la cartera sin decir una sola palabra, y me miró como si yo hubiera pretendido quedarme con ella.

—¿No le dio una gratificación?

—Nada en absoluto, y eso que yo había gastado tiempo y combustible para dar con él. Pero no era dinero lo que yo quería. Si siquiera se hubiera dignado a darme las gracias…

El hecho de que su acción honrada y generosa no hubiera sido reconocida ni siquiera con un simple agradecimiento le amargó el día a aquel honrado taxista. Se me ocurre que, a causa de su decepción, quizás la próxima vez que encuentre una cartera vacilará antes de decidir devolverla.

Todos sentimos la necesidad de escuchar una palabra de agradecimiento cuando hacemos algo por alguien. La gratitud es el don de recibir con gentileza, de demostrar aprecio por un acto de bondad, grande o pequeño. La mayoría de nosotros manifestamos gratitud al recibir hospitalidad, obsequios o favores, pero podemos perfeccionar la manera de expresar las gracias de forma que resulte más personal y sincera.

Durante la guerra de las islas Malvinas, la madre de un soldado paracaidista argentino recibió una carta de su hijo, en la que mencionaba a una mujer residente en Puerto Argentino que lo llevó a su casa cuando se hallaba herido y hambriento, lo cuidó y ocultó del enemigo. Desgraciadamente el muchacho murió algún tiempo después, en la contraofensiva de recuperación de las islas. Pero el triste hecho en nada modificó la intención de la madre que, después de ahorrar durante dos años, logró cruzar el país y dirigirse a las Malvinas, hasta el pueblo que le había mencionado su hijo en la carta.

Hizo averiguaciones, y dio al fin con la mujer que había amparado al muchacho, quien resultó ser la esposa de un labriego empobrecido, y puso en sus manos un pequeño paquete. Era el reloj de oro que su hijo había recibido al graduarse, el único objeto de valor que el muchacho poseía. Aquel acto de gratitud conmovió de tal modo los corazones de los habitantes de las islas, que el hecho se cuenta hoy como una especie de leyenda.

En este mismo momento podrías cerrar el libro, sentarte en un sillón cómodo, relajarte y comenzar a enumerar en silencio todo lo bueno que tienes. Piensa en todas las cosas y en todas las personas por las que sientes verdadera gratitud. Mantén la mente y los pensamientos centrados en aquellos preciosos momentos en que esas personas se ganaron un lugar en tu corazón. Siéntelos.

Podrías también hacer un listado de todas las cosas por las que te sientes agradecido, y conservarlo cerca para advertir lo mucho que has recibido de la vida. Dicen que la única forma de amar algo es conocerlo; por ello, nada más consecuente que conocer nuestras bendiciones, para amarlas y así transmitir ese amor a otros.

¡Abre los ojos a la vida!, da las gracias por ti y por las personas que forman tu entorno afectivo. ¡Valora lo que te ha sido concedido! Agradece todo lo que hoy eres, haces y tienes. ¡Agradece a la vida por tus dones! Disfruta de la vida y siente en lo profundo de tu ser la verdadera gratitud.

2. Un regalo escondido

Habrá dos fechas en tu tumba.
Todos tus amigos las leerán. Pero lo relevante
será ese pequeño guión entre ellas.
Kevin Welch

Con este título me refiero a ese regalo que es el hoy; de allí su hermoso nombre: *presente*, que es la oportunidad de poder disfrutar el ahora, ya que el futuro no lo conoce nadie. Y, como en una ocasión dijo Jorge Luis Borges: "El futuro no es lo que va a pasar, sino lo que vamos a hacer". Así, pues, seamos hábiles en las decisiones de nuestra vida, ya que la sagacidad y actualidad de pensamiento nos permitirán entender y disfrutar el presente.

Son muy pocos los que pueden abstraerse del vértigo de la vida cotidiana. Esta es, sin duda, una época de rapidez, tensiones y competencia. Apenas paseamos; siempre vamos o venimos de algún sitio. Recorremos la vida a grandes pasos, vigilando a nuestros semejantes que, a su vez, nos vigilan a nosotros, para que ninguno se adelante en la carrera… ¿Vale la pena vivir así?

Nuestra misión en el mundo es aprender a valorar las pequeñas cosas que tenemos a nuestro alrededor, y que por lo general no vemos. Es preciso aceptar como principio lo que la vida nos tiene reservado, aquello que nos brinda en el momento actual, y absorber todo lo nutritivo para nuestra propia evolución.

> Me decía un anciano que conocí en la ciudad de Gijón, al norte de España: "A medida que envejecemos nos vamos dando cuenta, lo mismo que les pasa a los niños, de lo poco que sabemos de las cosas; y renace en nosotros una predisposición a la admiración igual a la que existe en el niño. Parece como si, al ir perdiendo la vista, se afinara en nosotros la facultad de ver. Un día hermoso es para nosotros un regalo maravilloso. Hemos vuelto de repente a fijarnos, de la misma manera que lo hacíamos en la infancia, en la forma caprichosa de una hoja, en el contorno fantástico de un árbol, en lo pintoresco de una calle, en un cielo estrellado".

Sabiendo que vivimos en un mundo en donde todas las semanas quiebran bancos, desaparecen empresas, se separan parejas y ocurren accidentes de todo tipo, hay que tener en cuenta que puede pasarnos cualquier cosa en cada momento porque somos muy frágiles. Como dice Paulo Coelho en su libro *Verónika decide morir*: "Ella consideraría cada día un milagro, lo que no deja de ser verdad, tomando en cuenta todas las probabilidades de que ocurran cosas inesperadas en cada segundo de nuestra frágil existencia".

Es por ese carácter efímero de nuestra vida que debemos ser felices en este preciso momento…; y si no, pensemos en el hecho de nuestra propia muerte. No veo mejor incentivo para poder disfrutar de la vida que la plena y cabal conciencia de nuestra propia finitud.

A pesar de que mucha gente evita hablar de la muerte por el temor que le supone enfrentarla, estoy convencido de que ese final inevitable es lo que dimensiona nuestra vida. Según mi óptica, es muy valioso hablar de manera natural acerca de ese fantasma que, al mismo tiempo que nos asusta, nos advierte de la real importancia de vivir con plenitud cada instante.

> Una parábola budista cuenta que una vez una joven y afligida madre, lamentando la muerte de su bebé, buscó consejo en Buda. La mujer expresó a Buda su insoportable pesar y su incapacidad para reponerse de su devastadora pérdida. Buda le pidió que llamara a todas las puertas del pueblo y pidiera una semilla de sésamo en cada casa en la que no se hubiera conocido la muerte. Después, debería llevárselas a él.
> Ella, obediente, fue de puerta en puerta y, mientras salía con las manos vacías de cada una de las casas, comprendió que no había ningún hogar que no hubiera sido azotado por la muerte. La mujer regresó a Buda sin semilla alguna, y este le dijo lo que ella ya había comprendido: que no estaba sola. La muerte es algo que alcanza a todos, a cada familia. Es solo cuestión de tiempo. "Lo que es inevitable –culminó diciendo el maestro– no debe lamentarse en exceso."

Tal modo de pensar no podrá hacer regresar a la persona amada, pero nos permitirá, sin embargo, comprender la muerte como parte necesaria de la vida. Tampoco disipará el dolor o la necesidad de llorarla, pero sin duda nos ayudará a afrontar nuestro final de un modo más filosófico o, al menos, sin sorpresa ni sobresalto. La muerte no tiene por qué ser una catástrofe que tome por sorpresa a los vivos.

Cuando mueren las personas queridas, mueren con ellas universos enteros. Los que todavía estamos aquí, muchas veces, sin darnos cuenta, no nos entristecemos tanto por ellas como por nosotros mismos. Esas personas eran esenciales para nuestra existencia. Sus vidas eran luces que alumbraban las nuestras. Las amábamos y nos amaban. De repente, sentimos menos amor a nuestro alrededor y nos sentimos menos amados. Nos sentimos disminuidos por la ausencia de ese ser.

Quienes en algún momento se han enfrentado a la perspectiva inmediata de no tener más días o más horas comprenden el valor de la vida con una claridad de la que carecen los demás. Porque el miedo a la muerte acarrea muchas veces la sensación de no haber estado verdaderamente vivo. Los que tienen miedo a la muerte por lo general son quienes no están plenamente satisfechos de sí mismos, mientras que la muerte deja realmente de ser espantosa para aquellos que trascienden su yo.

Krishnamurti nos enseña: "¿Por qué le tememos a la muerte? Tal vez sea porque no sabemos cómo vivir. Si supiéramos cómo vivir plenamente, ¿le tendríamos miedo a la muerte?".

Tememos morir en la medida en que vivimos nuestra existencia basados en el poseer. Porque no es morir lo que uno teme ya que, en realidad, es una experiencia desconocida, sino perder lo que uno tiene: el cuerpo, los bienes, la personalidad, la identidad; nuestro miedo es miedo de mirar al abismo, de estar perdidos. Como dice Erich Fromm: "Morir es amargo, pero la idea de morir sin haber vivido es insoportable".

Por ello, debemos vivir este preciso momento como si fuera el último. ¿Acaso nuestra preocupación y angustia por este día no parecerá necia dentro de unos años? No debemos estresarnos y preocuparnos. Nunca pasa nada más que lo que tenga que pasar.

En Vistalba, el pueblo rural donde se había criado mi abuelo y donde viví algunos años, falleció la esposa de un labriego, una valerosa mujer, excelente madre de una numerosa familia. El viudo, hombre duro y tosco, no demostró emoción alguna. Ni siquiera cuando la enterraron soltó una lágrima. Cuando terminó la ceremonia del entierro, se quedó rezagado y se acercó a mi padre con un libro en la mano.

—Son versos —dijo con sequedad—. Le gustaban. ¿Quisiera usted leerle uno? Siempre me pidió que los leyéramos juntos, pero nunca tuve tiempo. ¡Hay tantas cosas que hacer en una granja! Ahora pienso que, por ejemplo, hoy nadie hace la labor y, sin embargo, no pasa nada. No sabemos para qué sirve el tiempo hasta que ya es demasiado tarde.

El hombre tenía razón, era una cuestión de prioridades mal interpretadas. Es curioso que la enfermedad y el sufrimiento puedan llegar a ser, paradójicamente, como bendiciones ocultas que nos despiertan de ese sueño de eternidad que hemos creado en nuestra mente.

A veces, una lesión o enfermedad nos advierte lo frágiles que somos, y despierta nuestro amor por la vida. Muchas personas comienzan realmente a vivir y valorar la vida el día en que, por desgracia, le diagnostican una grave enfermedad. Pocas situaciones nos inducen tanto a revisar nuestra vida como hallarnos en peligro de muerte.

Un monje budista tenía siempre una taza de té al lado de su cama. Por la noche, antes de acostarse, la ponía boca abajo y, por la mañana, le daba la vuelta. Cuando un novicio le preguntó perplejo acerca de esa costumbre, el monje explicó que cada noche vaciaba simbólicamente la taza de la vida, como signo de aceptación de su propia mortalidad. El ritual le recordaba que aquel día había hecho cuanto debía y que, por tanto, estaba preparado para el caso de que lo sorprendiera la muerte. Y cada mañana ponía la taza boca arriba para aceptar el obsequio de un nuevo día. El monje vivía la vida día a día, reconociendo que cada amanecer constituía un regalo maravilloso, pero también estaba preparado para abandonar este mundo al final de cada jornada.

El primer paso para crear nuestra propia disposición filosófica sobre la muerte, la pérdida y el duelo es apreciar la vida. Vivir el momento presente es la mejor manera de hacerlo. Necesitamos ser conscientes de nuestra transitoriedad.

Nunca pensamos que la muerte pueda ocurrirnos a nosotros. Si hemos estado conduciendo nuestro coche durante toda la vida sin tener un solo accidente, lo más probable es que nos creamos invencibles en lugar de sencillamente afortunados. Pero cuantos más días buenos tengamos en este mundo, más agradecidos debemos sentirnos por tan impredecible don, sin esperar que dure para siempre.

Son muchas las personas que ponen el presente al servicio del pasado o del futuro. Están siempre ocupadas, rumiando sobre la semana anterior o manipulando acerca del mañana, y nunca están en el ahora.

La historia pertenece al pasado; no es posible modificarla. El futuro es incierto; no se puede contar ciertamente con él. Lo único que verdaderamente tenemos es el presente. Disfrutemos el estar vivos ahora, y reduciremos al máximo el arrepentimiento cuando nuestros momentos se agoten.

¡Arriesguemos! ¡Pongamos todo en juego, y desafiemos al destino! Porque como decía Gustavo, amigo y compañero de la universidad, y aficionado al póquer: "El juego de la vida está no solo en mantener una buena mano, sino en jugar bien una mano mala".

Piensen, como ejercicio, que les queda un mes de vida. ¿Qué harían? Escriban en una hoja todo lo que se les ocurra que harían en el caso de que tuvieran solo unos días de vida. Luego, tomen ese papel, reflexionen y… ¡manos a la obra!, ¡hagan aquello que desearon, ya mismo!, no esperen a la próxima primavera o a que se den las circunstancias apropiadas. Nunca se darán, siempre existirá una "buena excusa" para no intentarlo.

3. Minutos mágicos

Aprende a vivir el eterno presente,
el aquí y ahora.
Mataji Indra Devi

Sería muy positivo para nuestras vidas permitirnos vivir el día a día, el presente, sin mirar hacia el pasado ya fenecido, ni hacia el futuro aún incierto. Lo único que tenemos es nuestro presente, y de lo que hagamos con él dependerá nuestra felicidad.

> En uno de esos días de particular desaliento y melancolía que a todos nos toca transitar, asistí a una obra de teatro que protagonizaba mi amigo Ignacio, abogado y actor por afición, que me dejó realmente boquiabierto. Hacia el final de la obra, a la coprotagonista Emily, cuya breve vida habíamos seguido en escena y que había muerto al dar a luz, le fue concedido volver a la Tierra para revivir el día en que cumplía doce años. Por primera vez Emily se daba cuenta del cariño que sentían sus padres por ella, y pudo captar los miles de detalles insignificantes que constituían su vida cotidiana. Incapaz de soportar sin emocionarse el encanto de aquel día, el personaje exclamó: "¿Hay algún ser humano que comprenda el don que tiene mientras vive? ¿Hay alguien que viva todos, todos los minutos de su vida?".

En aquel preciso instante, comprendí lo deprisa que pasa la vida, y cómo en realidad no dedicamos suficiente tiempo a conocernos; a apreciar la lluvia, el viento, el sol; a aceptar las desilusiones y los fracasos que dan grandeza a los éxitos y a las victorias. Comprendí la belleza de todas las cosas sencillas de mi vida. Entonces, los motivos de mi desaliento y depresión de aquel día perdieron su importancia.

Todavía hoy carecen de ella, porque a partir de aquel momento he realizado un esfuerzo consciente para vivir plenamente cada minuto de mi vida. ¿Lo hacen ustedes? Inténtenlo. La compensación que ofrece los sorprenderá.

No nos preocupemos por el angustiante futuro que tendrán sus propios problemas. ¡No nos devanemos los sesos pensando en mañanas! Nuestra mejor forma de vivir supone un correcto uso del "hoy". Como me dijo en una ocasión un joven en la ciudad de San Sebastián, citando a John Lennon: "La vida es lo que te pasa mientras haces planes para otra cosa".

Arthur Clark nos dice que no hay que guardar nada para una "ocasión especial" porque cada día que vivimos lo es; por eso debemos leer más y limpiar menos, sentarnos en la terraza a admirar la vista, pasar más tiempo con nuestra familia y amigos, y menos trabajando como desaforados; porque la vida es una sucesión de experiencias para disfrutar, no para sobrevivir.

Por ello, ¡vivamos el ahora! Usemos nuestras copas de cristal con nuestros amigos… ¿Para qué las vamos a guardar más tiempo? …¿Y si las usamos con nuestro viejo y gran amigo Daniel? ¿Qué mejor idea que esa? Sería una excelente forma de demostrarle lo mucho que lo apreciamos y lo realmente importante que es para nosotros. ¿Por qué las vamos a guardar para una aburrida cena de compromiso?

Quitemos de nuestro vocabulario las frases "algún día" y "uno de estos días"; si deseamos hacer o decir algo, nada mejor que hacerlo hoy, ya que si supiéramos que nos queda poco tiempo de vida, seguramente desearíamos estar con nuestros seres queridos, iríamos a comer nuestra comida preferida y visitaríamos los sitios que amamos.

Pero nos enojaríamos verdaderamente si caemos en la cuenta de que no hemos escrito esas sencillas e importantes cartas a nuestros afectos, solo por haber pensado: "un día de estos lo haré". Y más enojo y tristeza nos producirá el hecho de no haberles dicho más a menudo a nuestros padres, hermanos, hijos, sobrinos y amigos cuánto los queremos.

Porque es muy triste escuchar a las personas decir: "¡Ojalá no hubiera tenido tanto miedo!", "¡Debí haber aceptado aquel trabajo en el extranjero!", "¡Qué bueno hubiera sido decirle a mi hijo que lo quiero con locura!…"; pero lo peor de ello es que creemos que ya es demasiado tarde… ¡Nunca es tarde!

Si nos quedaran pocos días de vida, estoy seguro de que nuestra actitud sería decirles a nuestros seres queridos que los amamos. Pero sabemos que no somos inmortales, ni eternos, ni tenemos asegurado nuestro futuro…; entonces, ¿qué esperamos?

> A la librería de mi amigo y escritor Jaime, en el barrio de Sants en Barcelona, solía ir un anciano y simpático viajante a ofrecer los libros de las editoriales que representaba. En una de esas ocasiones, después de haberse despedido el vendedor, la esposa de Jaime le confesó a este que era una lástima no haberle dicho nunca al anciano cuánto les agradaban sus visitas.
>
> —Ya se lo diremos cuando vuelva la próxima vez —repuso él.
>
> Al verano siguiente, fue a la tienda una joven que se presentó a sí misma como la hija del viajante. Al saber que este había fallecido, la mujer de Jaime le contó lo que ella y su esposo habían hablado a raíz de la última visita del anciano.
>
> —¡Cuánto bien le habrían hecho a papá diciéndoselo! —exclamó entre sollozos la joven—. Era una de esas personas que necesitan contar con la simpatía de los demás. "Desde ese día —me asegura la esposa de Jaime— nunca desaprovecho la ocasión de decir algo agradable a quien lo merece."

Siempre hay algo bueno que decir de las personas que nos rodean. Lo único que tenemos que hacer es decirlo. Por dentro, todas las personas somos muy sensibles; no creo que la edad o la experiencia determinen una diferencia importante en cuanto a afectos. Por dentro, incluso del exterior más rudo y duro, están los sentimientos y afectos más tiernos del corazón.

Mi amigo Pablo, ingeniero industrial, padre de dos hijos, me decía con amargura, unos meses después de la separación de su mujer: "Qué bueno hubiese sido que por una sola vez nos hubiéramos dicho 'te necesito'. Eso habría cambiado nuestra relación".

Por eso el mes pasado, hablando con un amigo que se encontraba un poco angustiado, le dije: "¡Vive cada momento como si fuera el último! ¡Si no lo tienes en cuenta, se desvanece! ¡Considera sagrado cada instante de tu vida, dale un especial significado, y su verdadero y merecido logro!".

¡Cada semana, día, hora, minuto… es mágico! Debemos aprovecharlos viviendo intensamente nuestros verdaderos y profundos sentimientos. No guardemos nada que pueda agregar una sonrisa a nuestra vida. Nada para una ocasión especial, porque cada minuto que vivimos es una ocasión especial. Y lo mejor es que siempre estamos a tiempo. ¡Ahora mismo es el momento!

Como ha dicho Gonzalo Torrente Ballester, "Ni el pasado existe, ni el futuro. Todo es presente".

4. Aceptar las cosas como son

El ser completo conoce sin ir,
ve sin mirar y consigue sin hacer.
Lao Tse

Una de las claves para la paz y la armonía espiritual es no intentar buscarle a todo forzadamente una explicación, no intentar modificar el curso de la vida según nuestra conveniencia. Dejemos que las cosas fluyan y evolucionen. Casi no hay problema que no tenga solución, y si realmente no la tiene, entonces no tiene sentido preocuparnos; es, en cierto modo, un problema solucionado. Porque solo es un problema si uno piensa que lo es.

Debemos entender que las cosas son como son, y solo de nuestra actitud depende que estén mal o bien. Todo lo que necesitamos hacer es aceptar el momento actual y las personas que hoy están en nuestra vida. Si así lo hacemos, entonces podremos sentirnos plenos y conformes con nosotros mismos.

Y en ese proceso de aceptación, una de las claves necesarias y esenciales es, primero y antes que nada, la propia aceptación, ya que si me acepto como soy, con mis defectos y virtudes, podré luego aceptar a los otros.

Muchas veces, siendo víctimas de nuestros propios pensamientos negativos, sentimos la tentación de criticar a alguien o a algo porque no se adecua a nuestros gustos u opiniones. ¿Cómo evitar esto? Un buen antídoto para esa mala actitud es evitar precipitarnos al decir las cosas, permitiéndonos reconsiderar esos pensamientos negativos, que nos lastiman tanto a nosotros como a los criticados; y entender que si no actuamos con comprensión hacia los demás, también nosotros seremos víctimas de las críticas que ellos nos formulen. Para que nos acepten, debemos aceptar; y para que nos perdonen nuestros defectos, primero debemos perdonar los de los demás.

> Cierto día iba desde el aeropuerto de Barcelona hasta el centro de la ciudad en un taxi conducido por un jovial chofer llamado Jorge. Habíamos hablado ya de diversos temas relacionados con el equilibrio personal, cuando de repente exclamó: "¿Sabe usted? He alcanzado la felicidad: estoy contento de hacer lo que hago. He aprendido a no luchar contra el medio en el que vivo. Estoy contento de ser quien soy, aceptando a las personas como son".

Posteriormente, leí el texto de una conferencia de un psiquiatra acerca de la manera de alcanzar el equilibrio y la tranquilidad de espíritu; y, prescindiendo de tecnicismos, los consejos del médico coincidían exactamente con las observaciones del amable taxista acerca de la aceptación de uno mismo.

Muchas veces me he criticado por no haber tenido la capacidad, durante mucho tiempo, de disfrutar de los pequeños momentos de la vida, ya que siempre había tenido por norma aprovechar bien el tiempo. Me enorgullecía de no haber estado ocioso ni un solo momento de mi vida, como lo había hecho mi padre durante la suya. No aceptaba en mí mismo otra forma de interpretar la existencia. Hasta que hace unos años, de visita en la casa de montaña de mi amigo Manuel, en Puigcerdá, en el límite de España con Francia, encontré un libro de Robert Louis Stevenson.

Al hojearlo vi en una de sus páginas una frase subrayada, que me dejó perplejo: "Quien mucho se atarea en la escuela, en la iglesia o en el mercado, es hombre de escasa vitalidad". Tiene que ser un error: donde dice "escasa" ha de leerse "abundante", pensé yo. Pero el propio autor confirmaba la idea al seguir leyendo: "De nada vale razonar con hombres así; son incapaces de estar ociosos; no son lo bastante generosos para ello", afirmaba Stevenson.

¿Será la actividad incansable sinónimo de vacío espiritual?, me pregunté. Tanto me impresionó la idea que, al día siguiente, a la hora de la comida, la comenté con mi amigo. Manuel asintió con un gesto; luego me dijo:

—Stevenson tiene razón. Hay gente que por vivir demasiado aprisa y atareada llega al último día de su vida sin haber vivido nunca.

—Es cierto —afirmó sonriendo un zaragozano amigo de Manuel que ocupaba el asiento opuesto al mío—. Cuando no tenemos tiempo para la calma, tampoco lo tenemos para enriquecer nuestro espíritu. Trata de aplazar para mañana, si no es urgente, lo que te proponías hacer hoy. Puede ser que, a la larga, hagas más y mejores cosas.

Aquel consejo me pareció una herejía. Como dije, hasta ese entonces había tenido por norma siempre aprovechar bien el tiempo. Sin embargo, resolví hacer una prueba concediéndome deliberadamente más momentos de reflexión, y paulatinamente fui cayendo en la cuenta de que este cambio de ritmo le prestaba mayor interés a mi existencia.

Tras un tiempo, pude relajarme al atravesar un parque y observar tranquilamente la complicidad de una pareja de jóvenes que se hacía caricias, o la alegría de un niño que jugaba con los patos en el estanque, y pude disfrutar del paseo mientras el Sol calentaba mi rostro...; algo que antes me hubiera parecido una pérdida de tiempo.

Comprendí, sorprendido, que vivir más reposadamente aumenta nuestra eficacia, ya que si reflexionamos y disfrutamos de lo que estamos viviendo en el momento, solemos luego hacer las cosas con más coherencia y efectividad, tras haberlas analizado. Esto es, la inmediata demora en nuestro actuar nos concede más tiempo para reflexionar, y para actuar luego conforme a la propia moral. Lo que resulta de gran importancia, porque muchas veces advertimos que hemos actuado en forma apresurada y sin razonar, contradiciendo con nuestra precipitación nuestros principios más profundos.

A partir de aquel momento caí también en la cuenta de que debemos aceptar las cosas tal como son, no como pretendemos que sean. Como dice Byron Katie, debemos "amar lo que es".

Ser felices, en fin, implica *aceptar* las cosas, reconociendo todo aquello que escapa a nuestro humano control. Ello supone también ser flexibles con nosotros mismos, entender que nuestra forma de pensar puede cambiar, y recordar que lo principal es aceptarnos como somos, ya que solo de este modo la armonía llegará a nuestra vida.

5. Controlar la brecha

Cuando no encontramos satisfacción
en nosotros mismos es inútil buscarla en otra parte.
François de La Rochefoucauld

Cuando Viktor E. Frankl estuvo detenido en los campos de concentración nazis advirtió, en base a la experiencia allí vivida, que el hombre *siempre* tiene capacidad de elección. Los ejemplos que relata en su libro *El hombre en busca de sentido* son abundantes, algunos heroicos, y prueban cómo pueden vencerse la apatía y la irritabilidad. El hombre *puede* conservar un vestigio de libertad espiritual e independencia mental, incluso en terribles situaciones de tensión psíquica y física.

"Los que estuvimos en campos de concentración –relata Frankl en su libro– recordamos a los hombres que iban de barracón en barracón consolando a los demás, dándoles el último trozo de pan que les quedaba. Puede que fueran pocos en número, pero ofrecían pruebas suficientes de que al hombre se le puede arrebatar todo salvo una cosa: *la última de las libertades humanas –la elección de la actitud personal ante un conjunto de circunstancias– para decidir su propio camino*. Es esta libertad espiritual que no se nos puede arrebatar lo que hace que la vida tenga sentido y propósito", decía Frankl.

Porque el tipo de persona en que se convertía un prisionero era el resultado de una decisión íntima y no únicamente producto de la influencia del campo. Cualquier hombre podía, incluso en tales circunstancias, decidir lo que sería de él, mental y espiritualmente, pues aun en un campo de concentración podía conservar su dignidad humana.

Por ello, con la palabra "brecha" me refiero a ese espacio de tiempo que existe entre el estímulo que recibo del exterior y la respuesta auténtica que doy, o el genuino sentimiento que me produce. Porque en el manejo o el control consciente de esa "brecha" temporal es donde está una de las claves de nuestra armonía interna.

Resulta esencial en nuestra vida manejar ese lapso entre el estímulo y la respuesta, analizando los hechos de una manera nueva que nos permita entender de qué forma estamos programados o predispuestos a actuar y, sobre todo, el modo en que esos programas determinan nuestras respuestas inconscientes.

Si, por ejemplo, dejamos que una actitud hostil hacia nosotros determine nuestro estado de ánimo, provocándonos angustia y dolor, estaremos permitiendo que esa persona o situación controle nuestra vida. Para evitar esto, debemos utilizar la "brecha" temporal a nuestro favor para "reflexionar", y luego, "controlar"; es decir, ser dueño de nuestras propias respuestas y sentimientos.

Porque procesamos la realidad a través de nuestro sistema cuerpo-mente y, por tanto, somos nosotros quienes en cierto sentido "creamos" nuestras experiencias, y los responsables de lo que esas experiencias provocan en nosotros. Como expresaba Marco Aurelio: "Si te sientes angustiado por algo externo, el dolor no se debe a esa influencia sino a tu propia estimación sobre ella; así pues, tienes el poder de cambiarla en cualquier momento".

¿Es realmente así? ¿Es mi exclusiva responsabilidad si estoy angustiado?

En efecto, es nuestra propia responsabilidad si nos sentimos mal o bien, ya que cuando estamos frustrados o alterados por alguna persona o situación, nunca reaccionamos directamente ante ellos, sino ante los sentimientos que albergamos respecto a esa persona o situación. Son nuestros propios sentimientos los que nos traicionan, no algo externo, ya que aquello que sentimos no es enteramente culpa de los otros, sino también, en parte, de nosotros mismos.

Como dijo en una ocasión un reconocido psiquiatra: "Debemos poder tomar posición fuera de esa brecha, y mirar desde el exterior de nosotros mismos los estímulos para poder manejar nuestra respuesta a ellos". Porque al mirar "desde afuera" poseo una mejor visión de los hechos, y me siento en mayor libertad para elegir mi respuesta.

Cuando Frankl estuvo en los campos pudo comprender este principio en su propia y solitaria mente. Su experiencia fue un ejemplo de cómo el "ambiente" puede influir en un individuo si este permite que influya. Sus carceleros podían controlar su vida, pero era precisamente su "libertad última", como la denominaría luego, lo que los nazis no podían quitarle.

Mediante este esfuerzo de conciencia fue capaz de ver como observador su propia participación en los hechos. Así, a pesar del horror en que vivía, logró mantener intacto el núcleo de su identidad básica. En su interior él "decidió" la manera en que todo eso lo afectaría; se hizo "responsable" de su propia reacción.

Porque entre los estímulos que el ambiente y sus carceleros le provocaban y su respuesta a ellos estaba su fuerza interna y su libertad para calibrar y controlar su propia respuesta.

Descubrió así un principio fundamental de la naturaleza del hombre: que entre el estímulo y la respuesta, el ser humano tiene la libertad interior de elegir.

Pero no es necesario que pasemos por la terrible experiencia de Frankl para entender que la propia actitud es decisiva para determinar nuestra respuesta ante los hechos. En otras palabras: lo que más nos hiere o daña no es lo que otros puedan hacernos, ni siquiera nuestros propios errores, sino nuestra respuesta a ello.

6. Con mirada de niño

Todas las personas mayores han sido niños antes,
pero pocas lo recuerdan.
El Principito, Antoine de Saint-Exupéry

Como consecuencia de nuestro apresurado modo de andar por la vida, muchas veces caemos en el error de juzgar las cosas bajo la limitada óptica de nuestras frustraciones y carencias personales. Eso hace que nuestro niño interior no pueda disfrutar de lo simple, lo real y lo sensible, ya que el rigor de nuestra mente consciente le impide ser realmente como es y hacer lo que siente.

"Las personas mayores me aconsejaron que dejara a un lado los dibujos de serpientes boas, abiertas o cerradas, y que me interesara un poco más en la geografía, la historia, el cálculo y la gramática. Así fue como, a la edad de seis años, abandoné una magnífica carrera de pintor." Con estas palabras, el Principito de Saint-Exupéry explica su triste experiencia con las personas mayores, esos individuos carentes de sentido de la naturalidad y cerrados a los sentimientos, a quienes su estricta educación nunca les permitió acariciar a un niño con cariño, ni volar con la imaginación.

En mi juventud, la muerte de mi padre a causa del consumo de tabaco me impactó fuertemente, no solo por despojarme de su amada compañía, sino por impedirme para siempre cumplir un anhelo que albergaba en el fondo de mi corazón: poder, algún día, llegar a dialogar abiertamente y desde la madurez con él. Es así: nunca pude conversar verdaderamente con mi padre ni conocerlo en profundidad.

Es una de mis asignaturas pendientes y que permanecerá así por siempre: no haber podido charlar con mi padre de hombre a hombre, esa charla que supone poder penetrar en sus pensamientos más íntimos a la vez que él penetrara en los míos.

Y es que su rígida educación nunca le permitió acercarse a su hijo como confidente, hermano o amigo. El excesivo formalismo con que había sido educado en su época le impidió que pudiera llegar a hablarme con sinceridad y claridad de sentimientos. Aun así, siempre fue un excelente referente en mi vida y en la de mis hermanos. Nos educó con su vivo ejemplo de rectitud de pensamiento, actuación incuestionable, lealtad ante todo, perseverancia, honestidad y amor a su familia.

Pero la realidad es que no pudo sacarse la coraza que le impedía sentir con el corazón y transmitir el amor que sentía por los suyos con naturalidad y pasión. Mucho formalismo, mucha seriedad, mucho temor a mostrarse sensible.

Hoy, como en su tiempo lo estuvieron nuestros padres y abuelos, quienes ahora somos "mayores" estamos muchas veces cerrados a la sensibilidad de las cosas simples de la vida. Tanto trabajo, estrés y obligaciones han terminado por pasarnos una enorme factura: nuestra propia amargura y seriedad en el vivir.

Cuando uno es joven, es inquisitivo, quiere saberlo todo, constantemente se hace preguntas y advierte cosas que los adultos ni siquiera ven. La mente del joven está mucho más alerta, curiosa, ansiosa de saber. Por eso, en esa época de la vida aprendemos con tanta facilidad. Pero a medida que nos vamos volviendo adultos, nuestra mente se va cristalizando, se vuelve cada vez más densa y lenta. Como decía el poeta Ling Yu Tang: "Ningún niño nace con el corazón frío"; ese rasgo desagradable es un defecto de los adultos, quienes con frecuencia confundimos frialdad con madurez.

¿Les gustaría volver a sentir como un niño? ¿Nos hemos preguntado alguna vez cómo recuperar ese espíritu que teníamos en nuestra juventud?

Para intentar recobrar la vitalidad e inquietud de antaño, y liberar a ese niño interior de las garras del quietismo, la rígida seriedad y la tradición irreflexiva, recordemos cómo nos sentíamos de jóvenes. Esa era una época de constante crecimiento. Y en eso consiste precisamente el aprendizaje: buscar nuevas cosas, investigar, concebir proyectos, planes, deseos y sueños. Eso nos hace crecer intelectual y espiritualmente, al tiempo que nos rejuvenece como el mejor tónico jamás inventado.

Esa es mi particular experiencia como profesor universitario. En los numerosos cursos y conferencias que he dado, realmente me asombra ver cómo día a día salgo de mis clases con entusiasmo y alegría, al descubrir que tanto mis alumnos aprenden de mí como yo de ellos. Simplemente es maravilloso.

Cada charla, cada clase que imparto es para mí un profundo estímulo interior. No por lo que doy, sino por lo que recibo de mis interlocutores. Siento que necesito dar, enseñar, exponer, experimentar tanto como el árbol necesita la savia, y que el aporte que me brindan esos "niños grandes" que asisten a mis cursos permite mantenerme joven de espíritu.

Por ello, sostengo que la clave de la juventud es sentir como un joven, y nunca dejar de sorprenderse de la vida, aprender y soñar en un continuo compás vital.

Mientras escribo estas palabras advierto que ya tengo 45 años. ¡Cuánto tiempo ha pasado!; y sin embargo persisto en ir por la vida con la misma curiosidad y sensación de provisionalidad que en mi juventud. Es alentador sentirse joven de espíritu, sentimiento que solo se logra recuperando a ese niño interior que somos, pero que muy pocas veces dejamos ser.

Confieso que la relación con mis alumnos es uno de los mayores regalos que me ha dado la vida. Y lo agradezco cada día. Por eso siempre digo que no quiero dejar de "enseñar", ya que, para mí, ese disfraz de profesor es una genial excusa para aprender... Y, además, ¡me ahorro la matrícula!

Cuando tenemos amor, lo hacemos todo bien.

Thomas Merton

Afecto

5ª práctica

Dar aceptación
y cariño

autoconocimiento

aprendizaje

compromiso

gratitud

afecto

V

LA PRÁCTICA DEL AFECTO

DAR ACEPTACIÓN Y CARIÑO

1. Somos seres humanos

Buscando el bien de nuestros semejantes
encontraremos el nuestro.
Platón

"En tu planeta —dijo el Principito al aviador— los hombres cultivan cinco mil rosas en un mismo jardín, y sin embargo no encuentran lo que buscan." Así es, muchas veces nos sucede que en "nuestro planeta" estamos tan acelerados persiguiendo metas y bienes materiales que en realidad no sabemos ni lo que buscamos, y menos aún valoramos lo que tenemos.

"Sin embargo, lo que buscan podría encontrarse en una sola rosa o en un poco de agua", continuó el Principito. En efecto, a veces no advertimos que lo que necesitamos está tan cerca de nosotros que no percibimos que existe; por ello es que no apreciamos al otro, ni agradecemos su presencia en nuestras vidas.

Manuel, un compañero del máster que cursaba en Barcelona, comentaba en una charla el relato que le había hecho su padre. Nos contó que hace unos años un director cinematográfico muy seguro de sí mismo se hallaba filmando unos exteriores en un arrabal de Madrid. El estado del tiempo no era favorable, y las nubes oscurecían el lugar de rodaje, lo que obligaba a que todo el personal permaneciera inactivo varias horas, esperando que asomara el Sol. En esto, un hombre con aspecto de vagabundo se acercó al director para decirle:

—Oiga, ¿me permite que le haga una indicación?

—Dígame —contestó el director sin asomo de ironía.

El hombre tosió ruidosamente y dijo:

—Usted le paga a esta gente por horas, ¿no? Pues se ahorraría un dineral si instalase un sistema de alumbrado.

El director le dio una breve explicación de la diferencia que existe entre las escenas de exteriores y las de interiores, y por qué no le era posible mezclar iluminación artificial con la del día.

—Ahora lo comprendo —murmuró el vagabundo, y se marchó.

—Ha tenido mucha paciencia escuchando a ese tipo —le dijo al director uno de sus ayudantes.

Aquel se encogió de hombros y repuso:

—A todo el mundo se le ocurren a veces buenas ideas, y tontos seríamos si no escucháramos.

En esa respuesta hay algo que sobrepasa la humildad: encierra el reconocimiento de que en toda persona, independientemente de su fortuna o condición social, hay un valor humano. Todos necesitamos que los demás adviertan que existimos, que en realidad valemos, y por eso precisamos ser oídos y tomados en cuenta, porque no solo los actores necesitan del aplauso.

En la vida cotidiana, muchas veces la falta de cariño y consideración expone a las personas a perder la confianza en sí mismas, ocasionando un deterioro paulatino de su autoestima. Todos necesitamos ser elogiados y queridos, de igual manera que los demás necesitan lo mismo de nosotros. Por ello, debemos dar y recibir ese reconocimiento tan útil y necesario. Porque si logramos llegar a ese equilibrio tendremos una vida plena de gratitud y armonía.

Antonio Damasio escribió, en su último trabajo acerca de la neurobiología de la emoción y los sentimientos titulado "En busca de Spinoza", una referencia a lo que él considera un modelo mucho más exacto que el propuesto por Descartes, el del "pienso luego existo". Para Damasio el modelo debe ser "siento luego existo", ya que este –dice– es un modelo previo al formulado por Descartes.

Coincido plenamente con Damasio. Es así, antes que nada somos sentimientos. Antes de pensar, sentimos, y ese sentimiento es el que nos define como seres humanos por encima de todo.

> En cierta ocasión, con el fin de conocer mis raíces, viajé en tren al lugar donde había nacido mi abuela, un pueblito llamado Unzué, al sur de Pamplona, España. Era un caluroso día de verano, y me senté en el vagón restaurante del tren colmado de pasajeros. El calor era sofocante. Cuando el camarero me dio la carta, comenté:
> —Mal lo deben de estar pasando hoy en la cocina.
> El hombre me miró con sorpresa, y dijo:
> —A veces oigo a los viajeros quejarse de la comida, criticar el servicio, renegar del calor. Usted, señor, es la primera persona a quien, en los años que llevo aquí de servicio, le oigo alguna preocupación por los cocineros.

La palabra amable siempre surte efecto en el trato entre seres humanos; pero es esencial que en la demostración de nuestro aprecio haya sinceridad, porque es la sinceridad la que le da valor.

En una de mis clases de la universidad, concluí la exposición de la anécdota del tren con la siguiente reflexión:

"Lo que toda persona desea es que le demuestren un poco de aprecio, que la consideren y valoren como un ser humano". Los aplausos no tardaron en llegar. Es que no había en la sala ningún extraterrestre, era un auditorio de "seres humanos".

2. Todos necesitamos lo mismo

> *Es fácil conseguir dinero si lo que quieres*
> *es dinero. Pero, salvo contadas excepciones,*
> *lo que la gente quiere no es dinero.*
> *Quiere amor y admiración.*
> John Steinbeck

Si ahora mismo salimos a la calle a caminar, seguro que nos cruzaremos con cientos de personas desconocidas; y, ¿saben algo?, todas ellas tienen algo en común que las hace hermanas. No es, desde luego, su raza, ni su nacionalidad, ni sus creencias religiosas o preferencias sexuales. Lo que todas tienen en común es su necesidad de aceptación y afecto.

No conozco a ninguna persona, ni la más superada y autosuficiente, que no necesite el cariño y la aceptación de los otros. Es lógico que así sea, ya que somos seres sensibles que nos alimentamos del amor que nos brindan los demás. Estoy hablando de un nivel básico de aceptación y cariño, ya que cuando la necesidad de afecto y atención excede ese nivel, la normalidad se transforma en patología; es decir, en una necesidad extrema y compulsiva de reconocimiento y aceptación.

Cecilia, una médica amiga, dijo cierta vez que estábamos conversando en su consultorio: "Los médicos estamos empezando a recetar *amor*. Vemos en él la medicina por excelencia. Lo malo es que la mayoría de las personas, aun las que se consideran felices, ignoran lo que es ese sentimiento".

¿Cuál es el camino para amar a los demás? ¿Qué debo hacer para dar aceptación y cariño?

Para brindar amor y aceptación a los demás sinceramente debo primero amarme y aceptarme a mí mismo; si no, cuando me relacione con alguien, en lugar de dar amor lo que haré será buscar apoyo para superar mi baja autoestima. Si no nos amamos primero, ni seremos capaces de aceptar a los demás tal como son, ni nos aceptaremos a nosotros mismos.

En una ocasión le pedí al director de un instituto de salud mental que me diese una definición del amor propio. "Es –me dijo– el sentimiento de la propia dignidad, de saber que ocupamos el puesto que nos corresponde, de sentirnos satisfechos de nuestro valer y de nuestra competencia, todo ello combinado con una saludable humildad."

En efecto, valorarme a mí mismo supone otorgarme la real dimensión en cuanto a mis capacidades. No amarme mucho, sino conocerme mucho; esa es la definición en esencia de la palabra autoestima. Un buen nivel de autoestima deriva de conocerse adecuadamente.

Sin embargo, frente a nuestro sano autoconocimiento y aceptación, a veces la familia, el trabajo, los amigos, el sistema generan múltiples expectativas de cómo deberíamos ser o actuar, y nos reclaman ciertas capacidades en nuestra cotidiana existencia. Esta constante evaluación a la que estamos sometidos, con frecuencia nos angustia.

¿Es conveniente, entonces, atender a la valoración que los demás hacen de nosotros? ¿Es correcto como forma de autoevaluación?

No, no es correcto, y el riesgo que se corre con esa dependencia de las presiones y exigencias ajenas es el de confundir la justa valoración de mí mismo con las capacidades que "se supone" debo tener.

Porque una adecuada autovaloración es la que me indica las virtudes que realmente tengo. Esa idea del deber basada en parámetros ajenos nos condiciona y nos arruina la vida, al no dejarnos libertad para ser quienes somos, y obligarnos a vivir el reflejo de lo que otros piensan que "deberíamos ser".

¿Es posible escapar de esta presión?

Es posible, pero solo si nos permitimos reflexionar y adquirir conciencia de que no debemos angustiarnos por no ser como los demás quisieran que fuéramos. Somos valiosos como somos, y si luego, analizando nuestra vida y actitudes, decidimos cambiar algo de nuestra personalidad, será porque hemos resuelto hacerlo así, con plena libertad y convicción, y no por la creencia de que de esa manera vamos a valer más para los demás, porque ya valemos.

Las preguntas que surgen son evidentes: ¿nos amamos realmente? ¿Nos aceptamos como somos, con nuestros errores y fracasos?

Responder a estas cuestiones nos llevará a la plena sinceridad para con nosotros mismos. Empecemos por aceptar y perdonar nuestros errores, para luego pretender que los demás nos traten bien y nos acepten. Es así: no somos perfectos y solo nosotros, a pesar de nuestros defectos, podemos hacer que nos sintamos especiales y únicos, porque si no tenemos autoestima y no nos queremos, no es lógico pretender que otros lo hagan.

"Numerosos casos estudiados demuestran que la raíz de muchas enfermedades mentales podrían buscarse en la falta de amor propio –dijo un conocido psiquiatra–. Si se alentase un sano amor a sí mismo en las personas que se menosprecian, los enfermos mentales quedarían reducidos a la mitad" –concluyó con tristeza, sabedor de que la falta de amor al prójimo en nuestra actual sociedad contribuye a disminuir la autoestima de muchos.

Y porque la sana expresión de los sentimientos ayuda a todos a llevar una vida más feliz es preciso entonces preguntarnos: ¿con qué frecuencia demostramos nuestro amor a la familia y a los amigos? Y también es trascendente plantear: ¿permitimos que ellos nos demuestren su cariño y afecto? ¿Estamos abiertos a esa demostración?

A un hombre podrá parecerle que ama a su esposa porque es bella, inteligente y discreta. Pero eso no es amor, es reconocer y admirar sus cualidades. El amor no depende de los atributos del ser amado, sino de la capacidad de amar del amante.

¿Cómo aprender a amar? ¿Acaso el amor no es un sentimiento?

Efectivamente, el amor es un sentimiento, pero el modo de expresar nuestros sentimientos depende de que seamos capaces de hacerlo. Y esa capacidad para amar hay que cultivarla. No siempre brota espontáneamente, como muchos pueden imaginar.

"Es un proceso paulatino que comienza en la tierna infancia —me decía José Luis, un querido terapeuta amigo—, cuando los padres, con su ejemplo, transmiten al niño indicadores de lo que es el amor. Por ello, el mayor bien que pueden hacerle los padres a sus hijos es enseñarles a amar."

Este tema me recuerda un ejercicio propuesto a un grupo de directivos de empresa en un seminario que dicté en la ciudad de Burgos. Estando frente a mis alumnos en una de las sesiones, les dije:

—Supongamos que solo les quedara un día de vida y se encontraran encerrados en un profundo túnel sin otro contacto con el exterior que una rendija por la que pudieran pasar un sobre. ¿Qué sería lo que harían? Actúen por veinte minutos como si estuvieran en el túnel —les sugerí.

Todos, sin excepción, se pusieron a escribir. Al finalizar el tiempo del ejercicio, encontré sobre mi mesa 18 escritos en forma de cartas dirigidas a padres, hermanos, amigos y compañeros de trabajo. En todas pude leer palabras de agradecimiento, cariño, amor, perdón y, cómo no, de despedida.

Fueron tan hermosos los mensajes que transmitían esas cartas que luego de hablar con los participantes unos minutos les rogué que de regreso a sus casas entregaran las cartas a sus destinatarios. Se podrán imaginar la sorpresa de los participantes, ¡y los resultados de la experiencia!

"No quiero ser rica. Solo quiero que me amen", decía Marilyn Monroe.

3. No juzguemos a los demás

> —¡Pero no hay a quien juzgar! —exclamó el Principito.
> —Te juzgarás a ti mismo —le respondió el Rey—.
> Es lo más difícil. Es mucho más difícil
> juzgarse a sí mismo que a los demás.
> Si logras juzgarte bien a ti mismo eres un verdadero sabio.
> El Principito, Antoine de Saint-Exupéry

Muchas veces creemos, y hasta llegamos a estar convencidos, de que tal o cual persona es desagradable y antipática. Y es lógico que mientras pensemos que los demás son desagradables y malos, realmente lo serán a nuestros ojos. Pero tan pronto como nos decidamos a cambiar nuestra manera de verlos, fijarnos en las cualidades buenas de esa persona, dejar de juzgarla e incluso tratar de entenderla, lentamente comprobaremos que irá desapareciendo toda enemistad hacia ella.

Les pido que piensen si alguna vez han hecho amistad con una persona que al principio no les gustara. Es posible que algunos de nuestros actuales amigos no nos hayan caído bien en un primer momento, pero luego de conocerlos comprendimos las razones de su particular forma de ser y pudimos aceptarlos. Cuando cambiamos nuestra perspectiva mental ante lo externo, nuestra situación cambia; y no hace falta detenernos a observar cómo ocurrirá, simplemente ocurre.

El hecho de juzgar a los demás nos limita de tal manera que vemos la vida como si estuviera comprimida en una botella. Tan pronto como advertimos que el hecho de juzgar nos atenaza el alma y es tan dañino para los demás como para nosotros mismos, la vida comienza a adquirir su real magnitud, al permitirnos transitar más livianos evitando enjuiciar todo lo que sucede a nuestro alrededor.

El responsable de una prisión española a quien conocí durante una cena ofrecida por el Colegio de Abogados de Barcelona, relató la siguiente historia. Un amigo suyo viajaba en tren junto con un joven cuyo rostro reflejaba preocupación y abatimiento. Este le confesó que acababa de salir del presidio y regresaba a casa. Su condena avergonzaba a su familia, que no lo había visitado ni una sola vez durante su estancia en el penal, y solo ocasionalmente le habían escrito. El joven confiaba en que la pobreza y la incultura de sus seres queridos fuera la razón de su silencio, pues no tenían dinero para pagarse el viaje hasta el penal y apenas sabían escribir.

Al joven, sin embargo, le preocupaba saber si los suyos lo habían perdonado. Para averiguarlo, les había escrito diciéndoles que si era merecedor de su perdón colgaran una cinta blanca del manzano que crecía junto a la vía del tren, poco antes de la estación; si preferían no recibirlo, él lo comprendería y seguiría de largo.

A medida que el tren se acercaba a su pueblo, la ansiedad del joven crecía; casi no se atrevía a mirar por la ventanilla. Su compañero de viaje se ofreció a avisarle si la señal ondeaba sobre el árbol. Al cabo de unos minutos, el compañero le dijo, con la voz ahogada por la emoción: "Mire, amigo, el árbol está repleto de cintas blancas".

El acompañante del ex presidiario comentaba, al relatar lo sucedido al responsable de la prisión: "Me sentí como si ante mis ojos se hubiera obrado un milagro". Y tal vez fuera así. Siempre resulta milagroso el perdón, puesto que reconcilia hasta lo irreconciliable.

¿Cuántas veces hemos juzgado duramente a los demás? ¿Cuánto daño hemos causado criticando la actitud de otros? Y, ¿cuánto resentimiento para con el prójimo nos ha generado ese dañino sentimiento?

El impulso de censurar a los demás es una medida autodefensiva tan arraigada en nuestra naturaleza que, según dicen los psicólogos, para descubrir los puntos débiles de una persona basta con observar las faltas que este ve en los demás. Y esta forma de ser es consecuencia de la intolerancia, característica de nuestro mundo "evolucionado" donde hablamos mucho, amamos poco y, lamentablemente, odiamos demasiado.

Don Braulio acababa de cumplir los 80 años, y era el reflejo de la felicidad y la paz interior. Su humilde casa fue durante muchos años refugio para los atribulados y sin hogar. Cuando le preguntaron cuál era el secreto de su serenidad, contestó: "La encontré cuando vencí la mala costumbre de juzgar a los demás".

Los indios sioux tenían un rito que consistía en que, a punto de partir a visitar otra tribu, alzaban las manos al cielo y rezaban: "Gran Espíritu, ¡haz que nunca juzgue a otro sin haber caminado dos semanas con sus mocasines!".

Por ello, antes de emitir cualquier juicio de valor respecto a nuestro prójimo, es esencial tener en cuenta dos cosas: primero, contar con todos los datos necesarios para elaborar un diagnóstico apropiado de la situación; segundo y fundamental, como predican los sioux, ponernos en sus zapatos. Satisfechas ambas condiciones, será posible trocar la crítica en energía positiva a través de una valoración justa.

Porque la falta de compasión que demostramos al juzgar al prójimo suele nacer casi siempre del desconocimiento de las causas profundas de sus actos. Por ello, siempre deberíamos tener presente el proverbio chino que sentencia: "No te inquietes por ser mal comprendido; inquiétate más bien por no ser comprensivo".

4. Depósitos de afecto

No evalúes el día por la cosecha recogida,
sino por las semillas sembradas.
Robert Louis Stevenson

La confianza es una de las facetas primordiales en toda relación humana, pues hace que la gente que goza de ella pueda sacar lo mejor de sí misma y actuar con verdadera transparencia. Hay que reconocer, sin embargo, que para llegar a disfrutar de la confianza de otra persona es necesario mucho tiempo y paciencia.

Cuando trato a una persona con cortesía, bondad, honestidad y sincera preocupación me acerco a ella desde el corazón, lo que equivale a un gran depósito de confianza. Pero es indispensable que esa relación de afecto y acercamiento hacia el otro sea sincera y franca, nunca artificial, solo para ser aprovechada en momentos difíciles.

Sabemos que las relaciones que funcionan se logran con gran dedicación y paciencia, y suponen un trabajo que lleva mucho tiempo, lo que las transforma en una inversión a largo plazo. En cambio, las relaciones de acercamiento que se realizan en forma veloz, muchas veces son superficiales y no permiten generar confianza.

Preocuparnos sinceramente por nuestros afectos es generar en nuestra cuenta personal un gran cúmulo de confianza. Si me preocupo francamente por mi madre, la llamo regularmente, la invito en ocasiones a cenar o al cine, y le demuestro mi incondicional amor filial, estaré generando en ella un verdadero sentimiento de amor y cariño hacia mí, lo que representará un enorme depósito en mi cuenta personal.

Y entonces, si por fuerza de las circunstancias algún día me olvido de un compromiso o aniversario, mi falta no será tan grave, ya que tendré reservas suficientes en esa cuenta. Así también, si actúo con sincero afecto por mis amigos y familia, dedicándoles horas de cuidado y cariño, estaré forjando en ellos también un sentimiento de estima hacia mí, que representará asimismo un gran depósito.

Es igual que tener fondos en la cuenta bancaria: cualquier extracción de último momento no afectará mi saldo. Pero si estoy en números rojos, una emergencia puede hacer tambalear mi relación con el banco. Igual que la vida misma.

La única condición de esa cuenta personal es que haya sido motivada por una actitud sincera, sin haber tenido en cuenta el beneficio, ya que si se actúa únicamente por el interés de generar afecto, se estará especulando con el cariño de las personas, y el sentido de integridad que debe acompañar todo depósito se extingue. Es de gran importancia entonces la integridad, porque es la que genera confianza y constituye, la mayoría de las veces, la base de muchos depósitos.

Es así como verdaderamente somos: bancos de afecto, en donde uno posee lo que han depositado los demás en él, y viceversa; por lo que cuando una persona lastima con su comportamiento nuestra confianza, en ese momento se produce una reducción en el depósito que tiene en nuestro corazón.

Siendo yo niño, recuerdo que abrieron en el barrio en que vivíamos una nueva farmacia. Nuestro viejo y competente farmacéutico tomó aquel hecho como una ofensa, y comenzó a decir que su joven competidor vendía genéricos de inferior calidad y que sus conocimientos farmacéuticos eran escasos. Pensando en cómo resolver pacíficamente la situación, el joven farmacéutico fue a consultar a su padre.

—No le des mayor importancia —le dijo con prudencia. Trata, al contrario, de corresponderle con bondad.

Al día siguiente, cuando los vecinos le comentaban lo que su competidor estaba diciendo de él, lejos de darse por ofendido, el joven farmacéutico aseguraba:

—Debe haber algún error. Mi colega es uno de los mejores farmacéuticos de la zona. Despacha recetas a cualquier hora del día, y el esmero con que las prepara es un ejemplo para todos los del gremio. Ahora que el barrio ha crecido, hay campo de sobra para dos farmacias. Por mi parte, siempre procuraré imitarlo.

Los comentarios del joven farmacéutico llegaron pronto a oídos del veterano, pues los elogios se difunden casi tan rápidamente como las críticas. El resultado fue que en la primera ocasión que tuvo el anciano de entrar en contacto con su joven colega, le dio sabios consejos relacionados con su negocio. La palabra elogiosa de este último había desvanecido el resentimiento inicial.

Este es un buen ejemplo de lo que supone la integridad personal y el realizar depósitos de confianza en los demás. Porque el ser leales y respetuosos con las personas que no están presentes genera una gran acumulación de afecto. Por desgracia, es habitual ver cómo muchas personas se comportan desconsideradamente al hablar de los ausentes. Esa forma de actuar genera una gran desconfianza y un importante retiro de afecto personal, ya que mi propio interlocutor pensará, con razón, que cuando él no esté presente también será víctima de mis críticas. Respetar a los ausentes es una de las formas de construir la confianza de quienes están frente a nosotros.

También las palabras utilizadas para dirigirnos a nuestros empleados, amigos o familiares pueden afectar nuestra cuenta de afecto personal, ya que si no las medimos podemos lastimar mucho a la gente que más nos importa. En el caso del joven farmacéutico, sus palabras fueron sus aliadas; porque las palabras, aunque muchas veces no lo advirtamos, pueden ser un gran bálsamo para la gente a quien estimamos.

Una noche, Juan invitó a un amigo a comer a su casa, sin avisarle previamente a su esposa. Al final de la comida, el amigo le dijo en confidencia: "Puedes dar las gracias por tener una esposa que, a pesar de su cansancio y del trabajo que deben darle los niños, prepara comidas tan excelentes". Estas palabras le abrieron los ojos a Juan, y le enseñaron a agradecer el esfuerzo diario de su compañera, algo que hasta aquel momento había tomado como natural y corriente.

Procurando cuidar lo que decimos, y cómo lo decimos, protegeremos esos depósitos de afecto. En el caso de Juan, la sola mención de su amigo sirvió para que advirtiera lo mucho que estaba recibiendo de su esposa; al mismo tiempo que creaba un gran depósito de afecto en la cuenta personal de su amigo.

Demostremos que los demás nos importan. No mostremos una amabilidad aparente, sino una auténtica cordialidad, ya que la sincera preocupación por los demás nos otorga una dimensión más amplia de la vida, y una mayor comprensión de los problemas humanos.

Es así como, velando por nuestros familiares y amigos, cuidando lo que decimos de los demás y vigilando atentamente nuestras palabras seremos capaces de generar una gran cantidad de relaciones de apoyo y cariño; y cuantas más personas tengamos cerca, más afecto tendremos, lo que nos proveerá de una gran energía para perseguir nuestros objetivos personales y profesionales.

Si queremos vivir una vida con significado y contar con grandes y cuantiosos depósitos de afecto, cuidemos a nuestros seres queridos y nuestras relaciones afectivas, porque ¿para quién significamos más si no para aquellos que nos aman?

5. Con los brazos abiertos

Cuando doy, me doy yo mismo.
Walt Whitman

"Una mano cerrada nada puede recibir", me dijo Enrique, un mediador amigo. Lo mismo ocurre con una mente o un corazón cerrados: nada pueden recibir y tampoco nada los puede afectar.

Para poder llegar al corazón del otro y permitirle que se acerque al nuestro, es preciso exponernos y arriesgarnos a sufrir alguna decepción o rechazo, porque solo de esta manera podremos vencer esa dura coraza tras la cual solemos ocultarnos.

Es posible que la persona de la que hoy estamos enamorados nos hiera cruelmente en el futuro; también puede ser que al intentar reconciliar a dos amigos, ambos se vuelvan contra nosotros. Pero ello no debe desalentarnos e impedir que pongamos el corazón en nuestra tarea, y que intentemos hacer lo que nos dicta la conciencia: abrir los brazos a los demás. Porque también la persona que se arroja al agua para salvar al que se ahoga puede verse arrastrada al fondo; y, aun así, decide hacerlo.

Otra forma de abrir los brazos a los demás son esos pequeños, anónimos e inadvertidos actos de bondad y amor hacia nuestro prójimo. Recuerdo el caso de Aníbal, un profesor colega mío que, al advertir en uno de sus alumnos, poco aplicado al estudio, brillantes habilidades que solo necesitaban estímulo, lo suscribió a una revista de management que exponía mensualmente casos de nuevas empresas lideradas por jóvenes emprendedores para que se la enviaran regularmente a su casa. La idea surtió efecto: con el tiempo, el alumno llegó a ser presidente de una reconocida empresa informática y nunca sospechó quién lo había ayudado.

Cuando una persona acepta el riesgo y se permite extender su mano hacia otra, tanto el que da como el que recibe son generosamente recompensados.

Sinceramente, siempre he creído que todos los hombres son como mis hermanos, porque estoy convencido de que todos poseen un alma igual a la mía, y un sentimiento de bondad y compasión tan natural como el mío o el de cualquiera. Por ello siento que cada persona, cada individuo que veo en la calle, es mi igual. Sin embargo, hemos llegado a tal extremo en nuestra sociedad que no sabemos tender una mano a nuestro hermano necesitado, porque siempre existe alguna "buena" excusa para no hacerlo. Es muy triste, viajamos a la Luna y regresamos, pero tenemos problemas a la hora de cruzar la calle para ayudar a nuestro vecino.

> Tenía 11 años cuando trabajaba de camarero en el restaurante de mi familia, llamado La Frisia, ubicado en las afueras de Buenos Aires. En una oportunidad en que llevaba una bandeja grande de acero inoxidable con dos platos de tallarines rebosantes de salsa hacia una mesa, al atravesar una parcela de césped se me cayó la bandeja al suelo con los dos platos llenos.
>
> Me quedé inmóvil mirando los platos en el suelo junto a una masa de tallarines que se confundían, entre la salsa, con el largo césped. Mis ojos comenzaron a llenarse de lágrimas. En eso, una mujer y su esposo se acercaron a mí, se agacharon hasta mi altura, y se pusieron a recoger los tallarines del suelo, intentando consolarme.
>
> Recuerdo aquello como un momento especial de mi infancia. Angustia contenida, desconsuelo frente al error, y vergüenza ante la cantidad de personas que me observaban inmóvil frente a mi bandeja malograda.
>
> Y, finalmente, recuerdo también aquel especial gesto de las dos hermosas personas que olvidándose de formulismos se acercaron a mí y me trataron como a su propio hijo, reduciendo con su actitud la angustia que en ese momento me embargaba y evitando que aquello se transformara en una tragedia para mi mente infantil.

Esa pareja me hizo entender que, pese al error, siempre habrá alguien dispuesto a ayudarnos y comprendernos. Fue para mí, ese momento, la confirmación de que existen personas compasivas y humanas en todos los rincones del mundo. Esas dos personas se transformaron luego en grandes amigos de mis padres, y aún hoy mi madre mantiene contacto con ellos. Por un simple gesto de apertura y cariño, dos extraños se transformaron, por su calidad humana frente a un niño, en verdaderos amigos.

Por ello, siempre digo que no existen los extraños, sino que los extraños para nosotros solo son amigos a los que aún no hemos conocido. Si no, ¿quién puede negarme que muchos de sus actuales buenos amigos no fueron alguna vez extraños para ustedes? Por eso digo: "No existen los extraños".

> Un anciano pianista se entretenía una tarde con el piano de cola que tenía instalado en el sótano de su casa, en una zona muy poblada de una gran ciudad, cuando de pronto vio que un muchacho lo observaba a través de la ventana. Lo invitó a entrar y le permitió que tocara las teclas para familiarizase con el instrumento. Luego le enseñó a tocar una melodía. A la tarde siguiente, el chico volvió con dos amigos. El anciano enseña ahora a 15 jóvenes de la ciudad a tocar el piano.

La inclinación a preocuparnos verdaderamente por los demás embellece nuestra existencia. Por ello, caminemos con el corazón y los brazos abiertos. Cuanto antes adquiramos esta filosofía de vida, antes gozaremos de su luminosa energía.

6. Cuidar nuestro jardín interior

> *Ser feliz en casa es el último resultado*
> *de cualquier ambición.*
> Samuel Johnson

En mi ciudad natal, frente a la Facultad de Derecho de la Universidad de Mendoza, hay una calle con un particular nombre: Dag Hammarskjold, quien fuera en su tiempo secretario general de las Naciones Unidas. Un día, cuando me encontraba en la biblioteca revisando los estantes abarrotados de gruesos volúmenes, mientras esperaba para entrar a dictar una de mis clases, me topé con un libro que hablaba de esa persona. A poco de haber leído unos cuantos párrafos acerca de su vida, descubrí una magnífica frase suya que me dejó pensativo: "Es más noble entregarse por completo a un individuo, que trabajar con diligencia para la salvación de las masas".

Luego de la clase, tomé mis apuntes y me fui caminando calle abajo hacia la ciudad. En el trayecto pensaba con fascinación en esa particular y profunda frase. ¿Quiere decir que uno muchas veces dedica gran cantidad de horas a personas y proyectos que están "fuera", mientras "no tiene tiempo" para establecer una relación profunda y significativa con su pareja, hijos, amigos? ¿Supone esta frase que es más provechoso y noble ayudar por todos los medios a ese primo sumido en la más oscura depresión, o a un hermano preso de la droga, en lugar de ir a la India a ayudar a personas desconocidas pero igualmente necesitadas?

Creo que esta personal reflexión debemos hacerla todos porque, para ser sinceros, muchas veces nos sucede que miramos más hacia afuera que a nuestro propio y particular entorno. Y estoy seguro de que si nos fijamos bien, cerca de nosotros existen muchos necesitados de una cariñosa y verdadera ayuda. Ellos son nuestro "jardín interior" por el que debemos velar.

El hecho de cuidar ese particular jardín involucra dedicarle más tiempo a la gente que está más cerca de nosotros: nuestra familia, amigos íntimos, afectos especiales…, y luego, sí, intentar también dedicar nuestro tiempo y atención a las demás personas.

Esto no significa despreciar o que no nos importe el prójimo; lo que intento decir es que muchas veces nos pasa que por querer regar los árboles del fondo del jardín, los más alejados y distantes, con frecuencia descuidamos las flores cercanas a nuestra ventana, las que precisamente dan perfume y colorido a nuestros días haciendo más bella nuestra existencia.

> Cuando yo tenía 13 años y mi hermano Alberto 10, nuestro padre nos prometió que nos llevaría al circo que en esos días había llegado a la ciudad. Pero a la hora de la comida sonó el teléfono. Un asunto urgente lo reclamaba. Ya estábamos preparados para llevarnos la desilusión cuando oímos que decía: "No, no iré. Ese asunto tendrá que esperar". Cuando volvió a la mesa, mi madre sonrió y le dijo: "El circo viene muy a menudo, ¿sabes?". Y mi padre contestó: "Ya lo sé. Pero no ocurre lo mismo con la niñez".

Recuerdo aquello a pesar de los años transcurridos por el impacto que causó en mí la actitud de mi padre. Él supo distinguir entre lo importante y lo trivial de la vida, y con su ejemplo nos dio una clara y gran lección a todos.

Luego de pensarlo, es muy posible que lleguemos a la conclusión de que cuidar nuestras relaciones más cercanas requerirá de nosotros gran humildad, coraje y fuerza de voluntad, ya que no estamos acostumbrados a dedicarle un tiempo especial a nuestro jardín interior, mientras que vemos más sencillo y normal brindarle horas de atención a una cantidad de personas y causas lejanas.

Pero les confieso que luego de haber tropezado con el concepto de que "es más noble entregarse completamente a un individuo que trabajar para la salvación de muchos", me sentí profundamente influido por la idea de intentar reconstruir relaciones rotas o deterioradas por el tiempo y mi propia desidia, en especial con mi entorno más próximo.

¿Por qué desde hacía tiempo no había manifestado mi gratitud y mi amor hacia muchos de mis seres queridos, si sinceramente albergaba en mi alma esos sentimientos? ¿Por qué no les dediqué tiempo a mis tiernos sobrinos si verdaderamente los amaba? ¿Cuál era la coherencia en ir a buscar tan lejos lo que se encontraba tan cerca?

Ahora lo sabía: todo aquello fue necesario para que hoy pudiera darme cuenta de esta interesante forma de mirar la vida. Y luego de realizar un profundo análisis, me propuse intentar recuperar aquellas plantas de mi propio jardín que se encontraban marchitas y debilitadas por falta de cuidado y alimento, ese especial alimento que representa estar presente, ya sea con una palabra, ya sea con un abrazo.

En particular deseaba mejorar la relación con mi hermano, del que me sentía muy distante. También manifestarle a mi madre mi reconocimiento por toda una vida de esfuerzo y dedicación en criar y educar en el bien a sus cinco hijos, yo entre ellos.

Recuerdo que luego, unos días después de mi análisis y reflexión, llamé a mi madre para decirle cuánto la amaba por todo lo que había recibido de ella. De súbito comenzó a llorar. Sin poder consolarla le dije que me perdonara por haber dejado pasar tanto tiempo sin habérselo dicho, que era algo que siempre había sentido pero que nunca había sabido decirle. Lloró con más intensidad aún. Pero sé que eran lágrimas de alegría. En mí está, a partir de ahora, que su alegría no tenga que seguir expresándose con lágrimas.

En definitiva, a partir de aquel día comencé a cuidar con un poco más de esmero mi propio "jardín interior"; ese que está formado por mi familia, amigos y compañeros de trabajo. Aún estoy en ello.

No sé cuál es nuestro destino, pero de una cosa estoy seguro:
los únicos que conseguirán realmente ser felices
serán aquellos que hayan intentado ver en qué forma podían servir,
y que hayan dado con ella.

Albert Schweitzer

Servicio

6ª práctica

Servir a los demás

autoconocimiento

aprendizaje

compromiso

gratitud

afecto

servicio

VI

LA PRÁCTICA DEL SERVICIO

SERVIR A LOS DEMÁS

1. Servir es liderar

> *El liderazgo es una oportunidad de servir,*
> *no de lucirse.*
> J. Donald Walters

La autoridad o liderazgo que un directivo ejerce sobre sus empleados es el arte de influir sobre ellos para que trabajen con entusiasmo en la consecución de los objetivos. Consiste en una serie de destrezas que cualquiera puede aprender y desarrollar, si une al deseo apropiado las acciones convenientes.

Pero para poseer ese liderazgo no solo es preciso poseer técnicas adecuadas, sino también transformarse en un ser especial: un individuo servicial y atento a las necesidades de los demás.

La paradoja del liderazgo es que para tener influencia sobre los demás, es necesario servir antes. O como se diría en una organización empresarial: antes de aprender a mandar, hay que aprender a obedecer; porque el líder es quien primero identifica y satisface las necesidades de los demás.

El que quiera ser el primero debe antes ser servidor. Si quieres mandar tienes que servir, decía ese gran maestro que fue Jesucristo.

¿Qué pensamos cuando leemos este mensaje de Jesús? Quien en su tiempo se llamó a sí mismo Hijo del Hombre logró transformar el mundo sin ejercer poder o violencia alguna, solo con su influencia, con sus múltiples actos de servicio a quienes lo rodeaban. Es allí, en esos actos, donde se verifica la importancia suprema de servir a los demás, en la influencia que ese servicio ejerce sobre las personas. Así es como Jesús generaba liderazgo.

Lo mismo puede decirse de ese "pequeño gran hombre" de la India, Gandhi. En un país de casi trescientos millones de habitantes, le prometió al pueblo que lograría la independencia sin utilizar violencia alguna. Y lo hizo. ¿Qué poder tenía? Ninguno, solamente la gran influencia que ejercía sobre las personas, la cual provenía de su gran sacrificio personal en beneficio de su gente. Mahatma, "Alma grande", como lo bautizó Rabindranath Tagore, fue primero servidor de su pueblo para luego convertirse, por su ejemplo y entrega, en su verdadero líder.

Jesús y Gandhi ejercieron ese especial poder en las personas, a pesar de no poseer un rango de autoridad formal. Lograron ejercer una influencia poderosísima, hasta el punto de introducir profundos cambios en sus respectivas sociedades. ¿Y cómo lo hicieron? Simplemente por la fuerza de su personalidad, de sus ideas y por su habilidad para comunicarlas.

Pero ¿cómo lograron esos modelos espirituales transformarse en líderes? ¿Qué habilidad o característica especial les permitía ejercer tal influencia sobre los demás?

La clave para liderar a tantas personas fue que supieron "conectar" con ellas, y esto se logra con la máxima efectividad en el *plano emocional*, no en el racional. Actualmente, en las empresas se incentiva a los ejecutivos a usar la razón pero no se les enseña cómo aprovechar la parte emocional de su personalidad, y por ello se enfrentan a graves dificultades de liderazgo.

La influencia que determinadas personas o grupos ejercen sobre otros es consecuencia de la conexión con sus sentimientos, porque los demás creen en ellos y en sus ideas, lo que consiste en el rasgo más aproximado al concepto de liderazgo.

Una vez lograda esa conexión, el ascendiente que se obtiene como efecto de la influencia personal permite al líder conseguir que la gente haga voluntariamente lo que él les propone y ellos creen que debe hacerse. Este principio, trasladado a la empresa, permite predecir el éxito cuando vemos que los empleados sirven al cliente con compromiso y pasión. De ese modo, generan liderazgo frente a los clientes, porque "les sirven".

La autoridad siempre se funda en el servicio y el sacrificio. Hagamos la prueba: elijamos al azar una persona que nos inspire respeto y autoridad, y seguramente será alguien que de alguna manera ayuda y se preocupa por sus semejantes.

Para citar solo un caso, ¿cómo no mencionar el ejemplo de nuestras madres? ¿Cuánto es el afecto que todos sentimos por nuestras madres? Para la mayoría de las personas su madre es intocable. Y toda esa influencia que hoy y en el pasado ejerció nuestra madre sobre nosotros es porque ella ha sido sobre todo una persona servicial. Siempre nos cuidó mientras estábamos enfermos, estuvo muchas noches en vela esperando nuestro regreso, nos aconsejó y, en numerosas ocasiones, hasta encubrió nuestras travesuras.

Ha ejercido legítimamente su influencia sobre nosotros, porque se la ha ganado por ser un verdadero ejemplo de servicio. Se sacrificó muchas veces por sus hijos, y eso es autoridad pura. Nosotros podemos hacerlo del mismo modo: si servimos a los demás y nos sacrificamos por ellos cuando nos necesitan, estaremos forjando nuestra propia autoridad, nuestro propio liderazgo.

En efecto, por contradictorio que pueda parecer, el papel del líder es servir; es decir: identificar y satisfacer las necesidades de los otros. Tal como en su tiempo lo hizo Teresa de Calcuta. ¿De dónde provenía la influencia y poder que ella tenía sobre los demás? De su gran corazón, porque la Madre Teresa, esa especial mujer, servía a los demás.

El servicio a los demás es para el verdadero líder una gran fuente de felicidad y liderazgo. Y lo es, porque para estos especiales líderes lo único importante son las personas, todo lo demás es accesorio.

Esa espiritualidad que emana de los líderes no es algo actuado, sino que lo demuestran todos los días en sus relaciones con los demás, porque entienden que en el fondo somos como ángeles con una sola ala, que únicamente podremos volar si nos abrazamos a otro. Esta maravillosa forma de vivir nos acerca y nos permite abrirnos a nuestros semejantes, ayudar y dejar que nos ayuden.

Cuando el doctor Frederick Banting, descubridor de la insulina, era un niño, tenía una amiguita a la que adoraba; con ella jugaba, corría por el campo y escalaba árboles. Pero durante un verano ella enfermó, y murió porque tenía "azúcar en la sangre". Banting jamás la olvidó, y hoy miles de diabéticos viven gracias al amor que el doctor profesó a su amiga de la infancia.

Pero ¡con cuanta frecuencia el vértigo de la vida nos distrae de esta verdad tan elemental! ¿Cuántas oportunidades de servir a los demás se nos presentan en el día? ¿Y cuántas veces actuamos con caridad y ayudamos al otro?

Diariamente nos asedian miles de preocupaciones que nos impiden ver que al contribuir a mejorar la suerte de nuestros semejantes también estamos contribuyendo al mayor enriquecimiento de nuestra propia vida.

Así es, debemos indagar profundamente en nuestros sentimientos para descubrir la mejor forma de servir a los demás dentro de nuestras posibilidades y capacidades. Porque está claro que quien ayuda a otro a subir por una pendiente empinada, va ayudándose él mismo a llegar a la cima. Dijo Eleanor Roosevelt: "Cuando dejamos de contribuir, empezamos a morir".

2. El egoísmo como enemigo

Ningún hombre es una isla formada
enteramente por sí mismo.
John Donne

Si hablamos de servicio, debemos referirnos a uno de los grandes obstáculos en nuestro intento por servir a los demás: el egoísmo. Ese fantasma que acecha al hombre en cada rincón, y del cual es menester deshacerse cuanto antes.

El hecho de creernos más inteligentes y más importantes que los demás es una de las causas de nuestra sobreestimación. Ella nos conduce con inusitada rapidez al oscuro laberinto del egoísmo y puede costarnos matrimonios, amigos, familiares o socios si no salimos pronto de él. En definitiva, el egoísmo tiene la cualidad de arruinar con fiereza cualquier relación que intentemos construir.

Pero ¿qué es exactamente el egoísmo?

Desde el punto de vista etimológico, significa un amor excesivo por uno mismo que hace que la persona se prefiera por encima de los demás. Una percepción exagerada del amor propio, que se encuentra en franca oposición con el concepto de servicio a los otros.

Dijo el escritor inglés Clive Staples Lewis: "Si quieres conservar incólume tu corazón, no pongas en nadie tu afecto, ni siquiera en un animal. Rehúye todo vínculo de cariño, encierra el corazón en el ataúd de tu egoísmo. Pero aun dentro de ese ataúd –oscuro, seguro, inmóvil, herméticocambiará tu corazón: se volverá insensible, impenetrable, irredimible".

Podemos afirmar que el ser humano es por naturaleza egoísta, ya que busca instintivamente su propio bienestar, anteponiéndolo a cualquier otra cosa. Vemos a diario en la sociedad moderna un sinnúmero de personas con una autoestima exagerada (rozando el egoísmo), que solo atienden a sus propios intereses.

Entonces, ¿el egoísmo ha invadido por completo el alma del hombre moderno?

Afortunadamente existen en el mundo otras realidades cotidianas además de la lucha por el poder y el éxito económico; en nuestra naturaleza también reside el altruismo, ese sentimiento opuesto que es la base de la protección a los hijos, la compasión frente al dolor ajeno, el amor a nuestros semejantes, el sacrificio por los demás... Podemos ver cómo también el altruismo es una moneda tan corriente que se erige por doquier haciéndonos un poco más placentera la vida.

Con justicia, es posible afirmar entonces que tanto en el ser humano como en la sociedad, conviven el egoísmo y el altruismo en una notable dualidad. Debemos admitir por tanto que ambas realidades son el común denominador de nuestro mundo moderno.

Pero ¿cómo lograr erradicar ese sentimiento de extremo individualismo?

La madurez es un gran aliado para ello; sin embargo, no es la condición única para conseguirlo. El caso es que cuando uno llega a un determinado grado de madurez descubre el verdadero placer que se siente al hacer algo por el otro. Pensar que una persona pierde o "se vacía" cuando entrega algo o se da a los demás, es pensar en "dar" como un sacrificio; y esto no es así, ya que el amor que recibe el que da no proviene de sacrificio alguno, sino de más amor.

La persona que da realmente disfruta de lo que hace por el otro. Por eso cuando estoy dando siento que me estoy llenando, nunca que me vacío.

Sin embargo, no es nada sencillo aprender a dar. Existen demasiados obstáculos para que nos abramos y nos acerquemos al otro. ¿Será la soberbia uno de ellos?

En el camino para dar y recibir cariño, la soberbia se erige como un potente obstáculo, por lo que resulta esencial librarnos de ese cruel sentimiento, ya que cuando nos sentimos omnipotentes y nos creemos mejores de lo que realmente somos caemos en el engaño y, sin advertirlo, nos cerramos al amor. La soberbia nos hará creer que salvaremos al mundo, a nuestra familia y a nuestra empresa, y que nadie más que nosotros puede hacer correctamente las cosas, con lo que perderemos el sentido de nuestras auténticas capacidades.

El gran problema es que no nos dejará encontrar nuestra misión como seres humanos, ya que nos llenará de la necesidad de estar siempre demostrando algo a alguien y, por tanto, pendientes del reconocimiento de los demás. Luchemos contra la soberbia con todas nuestras fuerzas, aunque, como decía Jean de la Bruyère: "A veces cuesta mucho más eliminar un solo defecto que adquirir cien virtudes".

Hace unos meses leí en el periódico un artículo sobre un personaje internacionalmente reconocido por su labor en el campo de la ciencia, quien declinó amablemente la propuesta de un otorgamiento de medalla con estas palabras: "Muchas gracias, pero yo me siento suficientemente reconocido por mi trabajo. Las distinciones separan a las personas, y yo no quiero sentirme separado de las personas que están trabajando conmigo". A eso llamo yo sabiduría: priorizar las relaciones humanas por encima de las veneraciones sociales. Realmente, un ejemplo.

Porque si un hombre trata de elevarse y de distinguirse empujando y pisoteando a los otros, intentando conseguir un éxito que le permita enorgullecerse de ser superior a los demás, el resultado que obtendrá será el de enajenar y limitar su espíritu, al permitir que la soberbia contamine su corazón.

Sin embargo existen formas de vencer a ese mordaz enemigo. Una de ellas es perder el miedo al resultado de nuestras acciones, aceptar que, con tal de que hagamos lo correcto, el final será el que deba ser, y no por ello los demás dejarán de querernos ni de reconocer nuestro esfuerzo.

Olvidémonos, por tanto, del resultado y del objetivo final de nuestras acciones, siempre azaroso, y seamos conscientes de que hicimos todo lo que estaba en nuestras manos para lograr el objetivo que nos hayamos propuesto. No somos omnipotentes ni todopoderosos, y en definitiva no hay ninguna razón para pensar que debemos hacerlo todo "perfecto".

Aceptemos, pues, el resultado de nuestro esfuerzo, sea cual sea, e intentemos que se transforme en el cimiento para nuestros futuros logros. Esa humildad en el pensamiento provocará un drástico descenso en mi sobreestimación y, al moderarse mi autoestima, el egoísmo y la soberbia comenzarán a desaparecer.

3. Llenarse para luego dar

Para que la lámpara siga iluminando,
debes echarle aceite continuamente.
Madre Teresa de Calcuta

Es de una especial relevancia comprender que para poder ofrecer algo a los demás debemos tenerlo antes nosotros mismos, porque es lógico que nadie puede dar aquello que no posee. Nuestra responsabilidad es crecer en todos los sentidos, atesorar sabiduría, amor, experiencia, comprensión, tolerancia, todo lo que luego podamos entregar a nuestros seres queridos. En resumen, llenar bien nuestra lámpara de aceite, ya que, como decía Teresa de Calcuta, solo así podremos dar más de nosotros mismos.

Y más vale que nos preocupemos por tener algo que dar a los demás, porque la única razón de tener algo es poder darlo después. Por ello, debemos adquirir conocimiento en nuestro particular camino por la vida para poder transmitirlo, y de esa manera seguir creciendo en un continuo proceso de dar y recibir.

Así es como cada uno de nosotros puede alumbrar el camino para uno mismo y también para que sea visto por otros, ya que cuando ayudamos a crecer a otros, también estamos creciendo.

> Es lo que me sucedió con Alejandro, quien vino a verme una tarde de abril. Se encontraba angustiado por lo que le había dicho un amigo: "Debes revisar los móviles de tus actos, tus valores y los principios de los que surgen". Alejandro se mostraba confuso e inquieto.
>
> —No hay nada de malo en mis actos —me dijo—. Quiero alcanzar el éxito. ¿Y quién no? Quiero que la gente me esté agradecida. Igual que todo el mundo. Quiero una posición más segura. ¿Por qué no iba a quererla?
>
> —Quizás esos móviles carezcan de valor en sí mismos —le dije—, tal vez sea esa la causa de tu estado de angustia. Luego de unos minutos de reflexión en silencio, me respondió:
>
> —Siempre trabajé libre, con espontaneidad, y las cosas me han salido bien; sin embargo, es verdad que últimamente me he vuelto calculador e intolerante, y me siento como vacío por dentro. ¿Por qué?
>
> Hicimos una serie de ejercicios a fin de descubrir los móviles de sus actos, sus deseos más ocultos, y algunos principios que determinarían su forma de actuar y sus valores.

Me pidió entonces que le dijera cómo veía la situación. A pesar de no ser técnicamente correcto desde mi posición de *coach*, ya que no acostumbro emitir "mi propio juicio" sino trabajar con el de mis clientes, accedí a darle mi feedback sobre lo que podía observar:

—Tu actual sentimiento de angustia contenida y desazón con la vida —continué— se debe a que no estás pensando en el trabajo como tal, en la tarea que realizas, sino en las compensaciones que puede ofrecerte. El trabajo ha dejado de ser un fin provisto de su propia recompensa para convertirse solo en un medio de ganar dinero, de pagar facturas. En tu desesperado apego a la seguridad, has olvidado la importancia de dar algo, de ayudar a los demás, de contribuir.

En efecto, nada puede salir bien si los móviles son equivocados, ya seas cartero, peluquero, agente de seguros o ama de casa; no importa la profesión. Siempre que tengamos la sensación de que ayudamos al prójimo, desempeñaremos bien nuestro empleo. Si pensamos solo en ayudarnos a nosotros mismos, el trabajo no irá tan bien. Esta ley es tan inexorable como la ley de gravedad.

—La clave, Alejandro —añadí finalmente—, es que continúes aprendiendo de tus propias experiencias de vida, y que puedas evolucionar como ser humano. De lo que se trata es de llenarse para luego dar, e irse vaciando para dejar nuevo espacio de aprendizaje.

Y lo más interesante en este camino de llenarse para dar, es el aprendizaje que se obtiene en su tránsito. Porque si mi actitud es una constante vocación por capitalizar cada experiencia, estaré ingresando en un estado de latente juventud, la que encontraré no solo en lo que crezca o aprenda, sino en la posibilidad de brindar ese conocimiento a los más necesitados de alimento espiritual.

Porque, como dice el biólogo Dröscher, solo se puede estar en dos momentos: de crecimiento o de envejecimiento. Por lo que el precio de quedarnos estáticos y sin crecer más, es empezar a envejecer. Por tanto, la clave es aprender, lo que supone un continuo crecimiento.

Esta es la razón por la cual me fascina hacer coaching, y dictar clases, conferencias y seminarios; porque a la vez que transmito mis pocos conocimientos, en contrapartida recibo de mis alumnos y clientes un valor extraordinario que hace que siga sintiéndome joven. Porque el hecho de poder transmitir las cosas que uno ha aprendido también tiene que ver con el crecimiento.

Por cada paso que damos existe una enseñanza o moraleja que podemos capitalizar, convirtiéndonos en una nueva persona con nuevos conocimientos. Es como renovarse constantemente, como transformarse día a día en un mejor y más útil ser humano.

Como dice John Naisbitt: "El avance más excitante del siglo XXI no tendrá nada que ver con la tecnología, sino con la expansión del concepto de lo que significa ser humano".

4. Dar por placer

Uno se gana la vida con lo que obtiene.
Uno vive la vida con lo que da.
Winston Churchill

La única manera de dar de forma desinteresada y sincera es hacerlo sin esperar nada a cambio. Dar por el mero placer de dar. Porque el hecho de dar es un acto de amor y, como tal, de regocijo interno. Al dar estoy sintiendo el gran placer de ayudar al prójimo.

Chopra nos enseña que cuando damos *felicidad* a otras personas estamos recibiendo felicidad, y el hecho de dar aquello que buscamos produce un efecto multiplicador en nuestras vidas. Por ello, cuando doy estoy recibiendo.

La clave de dar está en entregar sin esperar recompensa; de lo contrario, si damos por interés, estaríamos apegados a un resultado y, como ya sabemos, cuanto mayor es el afán y el deseo, menos se obtiene lo que se persigue.

En el subte en el que viajaba hacia mi casa una tarde de agosto, iba una pandilla de jóvenes alborotadores que empezaron a mofarse de una señora, ya entrada en años, que les había pedido que no empujaran. Ante las burlas de los muchachos hacia ella, los demás pasajeros que se encontraban en el vagón se hicieron los desentendidos: unos mirando por la ventanilla hacia la negrura del túnel; otros, al frente, como si ninguno tuviese ojos para ver ni oídos para oír.

"Esto forma parte del mundo en que vivo", pensé. "Estás en un país desconocido y con gente que no tienes idea de cómo puede reaccionar", reflexioné, e hice lo mismo que los demás, miré por la ventanilla hacia el túnel desentendiéndome de lo que sucedía. De repente, sin saber por qué, me dije: "¿Seré capaz de estar sin hacer nada? ¡Ya estoy cansado de comportarme como todos!". E inmediatamente grité a aquellos muchachos con mi tono más serio:

—¿Pero es que no tienen madre? ¿Les gustaría que a ella le faltasen el respeto como hacen ustedes con la señora?

Bajaron la cabeza avergonzados y, desde ese momento, guardaron silencio. No sin gran sorpresa por mi parte, pues cuando me decidí a frenarlos en sus burlas me subía de los pies a la cabeza una especie de temblor nervioso, y el ritmo de mi corazón se había disparado a las nubes. Sin embargo, luego de ese momento de nerviosismo interno, y durante el resto del día, sentí en el pecho un calorcito de satisfacción al recordar que no había desperdiciado la ocasión de hacer lo que debía.

¿No es curioso que, al mirar hacia atrás, los momentos en que más resueltamente compartimos los problemas del prójimo son los que nos parecen más libres de temores, de aburrimiento y de dolor?

Si buscamos algo en nuestra vida, debemos darlo primero. Por eso, ¡entreguémonos! ¡Demos lo que podamos! Si buscamos amor, ¡demos amor! Si deseamos que nos comprendan, ¡demos comprensión! Si es felicidad lo que queremos, ¡demos felicidad nosotros! Porque conseguimos mucho más para nuestra vida cuando damos aquello que deseamos.

Si, por ejemplo, en mi trabajo ofrezco una sonrisa de entusiasmo, de claridad y alegría a mis clientes, ellos reaccionarán de la misma manera, con una cordial sonrisa. Esto, además de mejorar mi propia autoestima y salud corporal, redundará en mejores ventas, al estar los clientes plenamente satisfechos con el servicio. Y en esa entrega, es fundamental nuestra convicción y recta intención de dar sin esperar nada a cambio. Es importante que lo que yo busque sea crear felicidad para el otro, y no para mí mismo.

El famoso doctor Hans Selye, en su magnífica investigación sobre las causas del estrés, dijo básicamente que una vida larga, sana y feliz es el resultado de realizar aportaciones, de tener proyectos significativos que sean personalmente estimulantes, y que mejoren y hagan felices las vidas de otros.

Por eso, el acto de entrega debe estar despojado de interés y ser siempre alegre, porque la intención del que da debe ser de pura alegría por el solo hecho de dar al otro. Solo entonces la energía que se encuentra dentro de él se multiplicará.

Si comenzamos a dudar, recordemos alguna situación en la que hayamos hecho un buen trabajo o logrado un resultado notable, y que en ese entonces hayamos desviado hacia otros los elogios recibidos, como reconocimiento a su participación. Cerremos los ojos y revivamos la sensación de agrado y el calor del amor que sentimos en nuestro interior en ese momento. Comprobemos cómo el resultado del servicio y el reconocimiento a los demás es un agradable sentimiento de plenitud y paz interior.

Un asistente a un curso de inteligencia emocional que dicté en Sevilla, en un ejercicio escrito, me ofreció el siguiente relato: un granjero escocés pobre, apellidado Fleming, mientras intentaba ganar el pan para su familia, un día oyó pedidos de ayuda en un lamento proveniente de un pantano cercano. Dejó caer sus herramientas y corrió hacia el pantano. Allí encontró, hundido hasta la cintura en el estiércol húmedo y negro, a un muchacho aterrado que en medio de fuertes gritos se esforzaba por liberarse.

El granjero salvó al muchacho de lo que podría haber sido una lenta y espantosa muerte. Al día siguiente, llegó un fino carruaje a su granja. Un noble, elegantemente vestido, descendió de él y se presentó como el padre del muchacho al que Fleming había ayudado.

—Quiero recompensarlo —dijo el hombre—. Usted salvó la vida de mi hijo.

—No, no puedo aceptar un pago por lo que hice —rehusó amablemente el granjero.

En ese momento, el hijo del granjero se asomó a la puerta de la cabaña.

—¿Es su hijo? —preguntó el noble.

—Sí —contestó orgulloso el granjero.

—Le propongo hacer un trato. Permítame proporcionarle a su hijo el mismo nivel de educación que mi hijo disfrutará. Si el muchacho se parece a su padre, no dudo que crecerá hasta convertirse en un hombre del que los dos estaremos orgullosos.

Y el granjero aceptó. El hijo del granjero Fleming asistió a las mejores escuelas y, a su tiempo, se graduó en la Escuela Médica del St. Mary's Hospital, en Londres, para después continuar con las investigaciones que le permitieron darse a conocer al mundo como el renombrado doctor Alexander Fleming, descubridor de la penicilina.

Años después, el hijo de aquel noble que siendo un muchacho había sido salvado del pantano por el granjero Fleming, cayó enfermo de pulmonía. ¿Qué salvó su vida esta vez?… La penicilina. ¿Cuál era el nombre del noble agradecido y generoso?: sir Randolph Churchill. ¿Y el de su hijo, el que había sido salvado dos veces por los Fleming?: sir Winston Churchill.

El admirable relato que me brindó aquella persona nos ilustra sobre cómo podríamos actuar para lograr un mundo más solidario y armonioso. El problema es que en nuestra sociedad muchas veces no le encontramos sentido a las demostraciones de preocupación y cariño por nuestros semejantes. En general, la gente no valora a quien da desinteresadamente, ya que es visto como alguien un tanto desequilibrado.

Es muy frecuente ver en las personas reacciones de incredulidad ante el comportamiento bondadoso de alguien. ¡¿Cómo?! ¿Hace eso sin que le paguen? Pero, ¿está loco?

Por ello se hace necesario, y hasta útil, reivindicar la voluntad de las personas que ayudan desinteresadamente a otros, ya que ellas han descubierto el placer de hacer algo por alguien. Como dijo Hipócrates: "Ofrece, a veces, tus servicios por nada".

5. Hechos, no palabras

Todas las personas que conozco que han
sido felices de verdad, han aprendido
a ser útiles a los demás.
Albert Schweitzer

Es interesante advertir que uno de los caminos para la felicidad del individuo es precisamente el brindarse a sus semejantes y ayudarlos, en un intento de paliar sus necesidades y sufrimientos.

Mucha gente anhela trabajar para una buena causa, porque al darse a otros se sienten rebosar de plenitud y armonía, ya que al aliviar la pena de los demás muchas veces olvidamos las propias. Como dice el Dalai Lama: si uno contribuye a la felicidad de otras personas, encuentra el verdadero bien, el auténtico significado de la vida.

Así, uno de los modos más seguros de contrarrestar los sentimientos de vacío en la vida es ayudar a los demás. Esta opción nos proporciona un significado y un propósito que no pueden negarse, ya que al hacerlo aprendemos a ver el mundo a través de la experiencia de otros, lo que nos ayuda a escapar de nuestro propio cautiverio.

Sin embargo, el problema es que la mayoría de las personas sueñan con ayudar a los demás pero no hacen nada al respecto. Se limitan a pensar, o a decir ante los demás: "¡Qué bueno sería poder trabajar en una ONG y ayudar a la gente necesitada!". "¡Qué lindo ir a Galicia a recoger petróleo de la playa!" "¡Qué bueno ayudar a los refugiados de Irak!" "¡Qué valioso estar cerca de la gente que sufrió la devastación del tsunami o del huracán Katrina, y poder ayudarlos!"

Pero una cosa es reconocer la importancia de ayudar a los demás, y otra muy distinta es realizar esa ayuda. Esa es la parte más difícil. Muchas veces nos llenamos la boca con expresiones de deseo, y somos débiles cuando se trata de acercarnos a su realización efectiva. No es ocioso que, para Pitágoras, el bienestar interno del individuo dependiera de la congruencia entre lo que decimos y lo que hacemos.

> Hace unos años leí una entrevista a Anna Perry en el periódico. Anna tenía 22 años cuando conoció al jesuita Vicente Ferrer en la India. Ferrer, fallecido en 2009, dejó la orden y se casaron. Nunca se separaron. Juntos, llevaban 30 años mitigando la pobreza y la desigualdad en mil quinientos pueblos de la India. Y lo más particular de la noticia fue cuando el periodista le preguntó a Anna:
> —¿Puede vivir feliz sin bienes materiales que la provean de confort?
> —En la India he aprendido a vivir y estar contenta con nada. Querer más y más estropea la felicidad —fue la respuesta.

—¿Y en qué consiste la felicidad? —insistió el periodista.
—En ocuparse de los otros. Aunque solo sea conversando —concluyó Anna.

Sin embargo, y a pesar de que deseamos, y es bueno e importante, viajar a lugares remotos para ayudar al prójimo, debemos ser conscientes de que no es imprescindible trasladarnos miles de kilómetros para ayudar a los más necesitados. Existe gente necesitada muy cerca de nosotros. Más cerca de lo que imaginamos. Porque como dice Luis, un filósofo amigo, es preferible realizar una buena acción cerca de casa que ir muy lejos a quemar incienso.

Lamentablemente, somos muchos los que pensamos que lejos de casa encontraremos la clave del servicio a los demás y, con ello, nuestro propio crecimiento personal. Estamos obsesionados con nuestro "viaje a la India" para encontrarnos a nosotros mismos e iniciar ese esencial camino de descubrimiento.

"¡Qué bueno poder ir a la India!", me digo a mí mismo, como si ese viaje pudiera legitimarme para ser mejor persona. O pienso: "¡Me gustaría pasar una temporada en un templo budista!", como si en las remotas montañas del Tíbet pudiera encontrar lo que no he descubierto en mi propio lugar, con mi gente y mis seres queridos.

Intentemos transformar nuestros buenos deseos y sentimientos en acciones reales. No nos quedemos en meras palabras, apliquemos en el sitio donde estamos lo que sentimos y deseamos ver en el mundo.

Así es: ¡comencemos por nuestra propia casa, nuestro barrio, nuestra ciudad, nuestra gente! ¡Dejemos de hablar y comencemos a ayudar! Poco a poco, día a día, en lo que podamos. Veremos así reconfortado nuestro corazón al verificar que no hemos perdido la oportunidad de tender una mano al que la necesita.

6. Vivir con integridad

Cuando se ama, el hecho de dar pasa a ser una fuente de goce, como para el árbol que abandona un fruto maduro.
Deppak Chopra

Para que podamos decir que un individuo es íntegro, debemos verificar que existen en él la armonía interior y la coherencia necesaria que este logra transmitir cuando sus actos siguen la línea de sus verdaderos valores.

Cuánto más fiel sea su actitud con respecto a sus principios y convicciones, más credibilidad tendrá entre sus allegados, y esa credibilidad se transformará en el pasaporte indispensable en el tránsito hacia un legítimo liderazgo.

Faustino Díaz es una gran persona a la que tuve el placer de conocer hace unos meses en la presentación de su libro *Clareandoscuro*, en la asturiana ciudad de Oviedo. Más de setecientas personas había en el auditorio de esa deliciosa, exótica y bella ciudad, como la ha llamado Woody Allen.

Faustino dejó una brillante trayectoria de cuarenta años al frente de su empresa para dedicar toda su energía a los marginados sociales. Desde que era niño en su Areñes natal percibió esa extraña vocación, que le hacía pasar horas escuchando a un alcohólico o abriendo las puertas de su corazón a los más necesitados. Sin embargo, fue la muerte de uno de sus ocho hijos, con quien compartía tareas de voluntariado con los inmigrantes en el sur, la que le dio el aliento definitivo para cambiar radicalmente de vida.

Uno de los personajes reales que aparecen en su libro, Floro, minusválido, fallecido antes de la presentación de dicha obra, fue un consejero excelente de Faustino tras la muerte de su hijo, cuando se encontraba en un duro trance con la vida.

—No puedes retirarte del mundo, como insinúas, para convertirte en un alelado contemplativo —le dijo Floro en una ocasión—. Tienes que conseguir el silencio interior, y potenciar tu sentimiento trascendente en la acción, en la actividad compasiva, porque ella es tu auténtica vocación. La has experimentado intermitentemente desde la juventud. Nada de aislarte, ni de apartarte de quienes te necesitan.

Faustino no desoyó el consejo. Ya había iniciado su altruista carrera asistencial, pero desde entonces se convirtió en su prioridad absoluta. Una noche entre amigos nos confesó:

—Sobreviví a tantas angustias, penas e incertidumbres gracias a la energía que me proporcionó el contacto con esas personas. Mi ofrenda a los vencidos y a los desventurados me desbroza el alma e ilumina el único camino en el que encuentro la paz total, la que no hallo en otra parte.

La noche previa a la presentación de su libro, estábamos cenando con un grupo de personas, entre las que se encontraba su editor, la esposa de Faustino y él mismo, cuando, en medio de un silencio, este exclamó:

—¿Como haré ahora para seguir ayudando a drogadictos y desvalidos, si ya soy mayor y mis fuerzas no me van a acompañar para siempre?

—No hay problema, Faustino —le dije—, ¡desde ahora podrás ser maestro de los futuros voluntarios que con pasión y vocación, como la tuya, quieran ayudar a los más necesitados!

El consejo fluyó como reguero de pólvora: ¡Faustino, debes enseñar todo lo que sabes! ¡A partir de ahora debes ser formador de formadores! ¡Enseña a otros a ser los mejores maestros, y así tu energía se multiplicará!

Fue un momento mágico. Su cara se iluminó como si hubieran encendido mil velas a su alrededor. Actualmente, Faustino capacita a un grupo de 25 voluntarios en un centro de recuperación y rehabilitación de adictos en Oviedo. Y ya ha recibido pedidos de otras ciudades para capacitar a más voluntarios.

No temas perseguir la felicidad,
pues se abrirán puertas donde ni sabías que existían,
y donde no las hay para nadie más.

Joseph Campbell

Felicidad

7ª práctica

Sentir la plenitud
vital

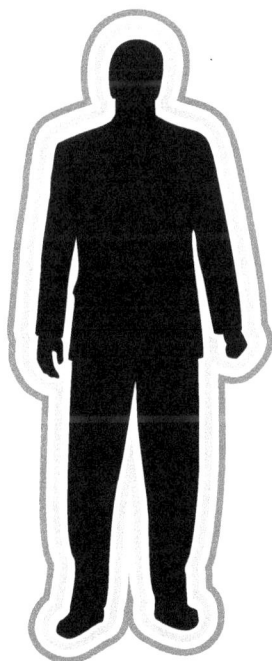

autoconocimiento

aprendizaje

compromiso

gratitud

afecto

servicio

VII

LA PRÁCTICA DE LA
FELICIDAD

SENTIR LA PLENITUD VITAL

En este tramo final hablaré de las variadas posturas que existen sobre el tema de la felicidad. Al igual que en todo lo expuesto en este trabajo, estos no son más que conceptos y preguntas para formularnos a nosotros mismos. Y lo importante: no existen respuestas únicas. Cada cual en su fuero interior sabe perfectamente lo que para él significa la felicidad.

Se trata solo de cotejar algunas propuestas planteadas, y confrontarlas con la propia definición, basada, por supuesto, en valores y principios personales.

Realizo esta consideración ya que muchas veces es posible que quienes necesiten de una guía se confundan y piensen que es posible alcanzar de forma rápida y sencilla, casi milagrosa, el tan ansiado equilibrio interior que buscan. Y es que esos presuntos atajos que suponen una vía rápida no pueden conducirnos a otro lugar que no sea la frustración.

Esto es así ya que, para alcanzar este especial estado interno, es necesario un verdadero desarrollo personal y espiritual en el individuo, un carácter trabajado y una madurez contrastada, que eliminen cualquier fachada o engaño posible.

Sin este crecimiento personal se corre el riesgo de pensar que la mera utilización de unas tácticas o técnicas determinadas bastarán para encontrar a corto plazo la felicidad y el equilibrio espiritual anhelado.

No efectuar esta advertencia significaría hacer residir el éxito y la felicidad en prácticas transitorias de influencia, o en actitudes voluntaristas, estrategias de poder o habilidades para la comunicación que son muy válidas, sí, pero solo para quien ya haya transitado su particular camino interior.

No pretendo decir, desde luego, que esas prácticas no sean beneficiosas y, algunas veces, de hecho, esenciales para el éxito. Estoy convencido de que lo son. Pero se trata de procedimientos que corresponden a una etapa posterior en la evolución del individuo.

Debemos preocuparnos primero por nuestra construcción como seres independientes, equilibrados y espirituales, y no caer en la trampa de estar atentos solo a la manipulación de técnicas que nos permitan influir en los demás para lograr nuestros objetivos. Si actuamos de esa manera, estaremos corriendo el riesgo de pensar que podemos cosechar donde no hemos sembrado, y esto tiene un alto precio. El precio del fracaso.

Podemos, si queremos, con esfuerzo y trabajo ser felices y lograr nuestros objetivos, solo debemos proponérnoslo y entrar en acción, ya que como dice Blaise Pascal: "Estando siempre dispuestos a ser felices, es inevitable no serlo alguna vez".

1. Ser feliz por un día

La felicidad es el resultado de vivir intensamente.
Erich Fromm

Hay quienes actúan como si estuvieran perdidos en el desierto, y ven la felicidad como un espejismo lejano, inalcanzable. Muchas veces caen en la tentación de pensar que si siguen el cartel que dice "Camino a la felicidad", serán felices.

El problema de esas personas es que piensan que la felicidad depende de un hecho externo, lo que supone que me suceda algo bueno. No advierten que la felicidad es algo que implica trabajar día a día por conseguirla. Porque ser o no felices es más una decisión interna que la consecuencia de un hecho externo a nosotros.

> Alicia esperaba siempre que llegara fin de mes para cobrar su sueldo e irse de compras. Tenía la convicción de que si no gastaba gran parte de ese dinero en ropa, música o artículos de belleza no podría disfrutar de la vida. Creía que necesitaba siempre ir al cine, a una cena, o tener algo que estrenar para poder ser feliz. Muchas veces, el disfrute de una velada, para ella, dependía del perfume que usara.
>
> Esta forma de pensar y actuar la tenían sin cuidado. Es más, estaba feliz siendo así. Al tiempo y sin que pudiera prepararse, cerraron la empresa en la que trabajaba. Desde ese momento sintió una gran desesperación y vacío interno al ver que no podría mantener el estatus de vida que llevaba hasta ese momento, por lo que comenzó a deprimirse.
>
> Un día, de regreso a casa, vio en la calle a tres niñas descalzas y mal vestidas que jugaban y se reían. Se quedó paralizada al darse cuenta de que en realidad ella también podía ser feliz, de que podía reír y divertirse sin la necesidad de estrenar un vestido nuevo.
>
> Advirtió en aquel momento que lo que a una persona la provee de felicidad no es lo que compra, sino lo que realmente hace con su vida… incluso, también pensó que si destinaba algo del poco dinero que tenía en vestir a chicos de la calle se sentiría aún mucho más feliz.

En reiteradas ocasiones nos decimos a nosotros mismos: "Si tuviera tal cosa sería feliz". Error. Seríamos felices durante veinticuatro horas, hasta que se nos ocurriese otra cosa que envidiar o atesorar, ya que la felicidad es un estado interno, no externo al individuo.

Hegel dice que "nuestra tragedia no es que no consigamos lo que queremos o que no nos salga bien. Esa es la mitad del problema, porque lo realmente trágico de nuestro destino es que cuando las cosas, ¡por fin!, nos salen bien, nos resultan insatisfactorias. Porque nuestro entendimiento echa a perder toda satisfacción. Somos seres insaciables, y cuando alcanzamos algo, dejamos de apreciarlo. Estamos hechos así. Por esos somos desgraciados", concluye.

Como ejercicio, para demostrarnos que en nosotros reside la responsabilidad de ser felices, podemos hacer un listado de cosas buenas y malas en dos columnas distintas. Así, cada día al levantarnos podremos escoger con cuál columna vamos a vivir la jornada, si con la que me dice todas las "cosas buenas" que tengo: salud, trabajo, un gran jefe, una esposa e hijos cariñosos, muchos y diversos amigos, un aceptable nivel de vida, y una casa acogedora…, o si, por el contrario, elegimos la columna de las "cosas malas", en donde tengo algunos kilos de más y la rodilla me duele, un trabajo demasiado absorbente, amigos ingratos que no se preocupan por mí, un coche muy viejo o una hipoteca que me está sacando hasta el último céntimo.

Podemos elegir cómo queremos sentirnos, ya que en estos dos listados tendremos elementos suficientes para justificar alegría o depresión; de nosotros depende.

Hagan finalmente, un cartel grande y pónganlo al lado del espejo en el que se miran, para ver todos los días este mensaje: "Estás mirando la cara de la única persona responsable de tu propia felicidad". Quizás así algún día terminemos por advertir que somos responsables de nuestra vida y de la reacción que tengamos frente a ella. Esto es, de nuestra propia felicidad.

2. ¿Felicidad plena?

Cuando quieres algo, todo el universo
conspira para que realices tu deseo.
Paulo Coelho

Hoy en día, la felicidad pareciera ser el bien más codiciado del mundo. Todos la buscan, y muchos simulan tenerla, mostrándola como si fuera la gloria traída del paraíso.

La felicidad es "la buena vida", nos enseñaba la prudencia. "Es un estado de armonía", decía alguna filosofía antigua. "Es una invención", afirmaban los escépticos. Es "algo postergado que se alcanza en el más allá", prometían las religiones fundadas en los albores de la cultura.

Y… ¿qué es una buena vida? Cualquier anuncio publicitario pareciera tener la respuesta. Y, claro, ¿quién no quiere ser feliz?

—¡Nadie! —asegurarían asombrados el más listo y el más tonto de los seres pensantes.

—Quién sabe —dudaría el más cauto y reflexivo.

¿Por qué no terminamos entonces por ser felices?

Pues, sencillamente, porque no sabemos en dónde se oculta la felicidad.

Javier es médico, está casado, tiene tres hijos, y cuando le pregunto sobre su particular concepción de la felicidad, ahora que ha llegado a los 40 años, me dice: "Me niego a hablar de la crisis de los 40, porque llego a ellos en perfectas condiciones, y sin las dudas e incertidumbres de años atrás. Hoy sé lo que quiero: a mi familia y a mis amigos. Claro que no tengo algunas de las posibilidades que tenía a los 20 o a los 30, pero tampoco las necesito en estos momentos, y me siento más seguro de saber por dónde pasa eso que parece lo más cercano a la felicidad".

Por fortuna, Javier tuvo el coraje y la valentía de dirigir su propia vida con independencia, lo que le ha permitido darle un verdadero y profundo sentido. Sin embargo, sucede que muchas veces no tenemos claro por dónde pasa esa felicidad, precisamente porque no somos nosotros los que elegimos en libertad nuestro camino, sino que actuamos influidos por múltiples factores externos que nos quitan poder en nuestras decisiones cotidianas.

En realidad, la felicidad plena creo que jamás se podrá alcanzar. Es más, pienso que es mejor que así sea. Porque la felicidad, en todo caso, se puede saborear, rozar, incluso llegar a tocar momentáneamente, pero no alcanzar como quien llega a la cima de una montaña y allí permanece.

Por ello, cuanto hemos dicho acerca de la búsqueda de felicidad concierne más bien al hecho de "saborear la felicidad", no de llegar a ella como si fuera un lugar estático. Nada es estático en la vida. Por eso, poder saborear la felicidad a lo largo de nuestras vidas es suficiente motivo para seguir viviendo.

Todos y cada uno de nosotros hemos saboreado la felicidad. Unos, quizás, más que otros. Y ese sabor que nos deja cuando ya se ha esfumado es lo que nos da fuerzas para levantarnos y luchar día a día. En definitiva, es lo que nos hace tener ilusiones en el mañana, porque el mayor pecado que un hombre puede cometer, como diría Borges, es no haber intentado ser feliz.

Por lo dicho, pienso que la felicidad plena, como creemos ver en los cuentos y en el cine, no existe. La felicidad como estado es, en realidad, una ilusión; pero existe como un verdadero impulso, aunque sea momentáneamente.

Porque si un día esa fantasía se hiciera al fin una realidad permanente, se acabarían nuestros sueños y anhelos, y nuestra lucha por buscarla día a día se haría estéril.

Esta perspectiva es la que debe hacernos reflexionar, a fin de poder ver que no hay un camino hacia la felicidad, sino que la felicidad *es* el camino.

3. La fórmula de la felicidad

No tratéis de guiar al que pretende elegir
por sí su propio camino.
William Shakespeare

La felicidad es saberme en el camino correcto. Cuando soy feliz siento tranquilidad y sosiego, ya que sé hacia dónde me dirijo porque, a pesar de las contingencias del camino, tengo la certeza de no estar perdido. Siento que tengo un claro objetivo, y que mi vida tiene sentido.

Así, encontrar "el sentido" de nuestra vida y, por ende, el camino a transitar es, para muchos, descubrir la llave de la felicidad. Es muy importante saber para qué vivo, ya que si lo sé tengo una clara dirección hacia donde enfocar mi vida. En caso contrario, estaré a la deriva y no podré soportar la incertidumbre de no saber el sentido de mi existencia.

Según Viktor Frankl, el hombre está dispuesto y preparado para soportar cualquier sufrimiento, siempre y cuando pueda encontrarle un significado.

¿Tiene para nosotros sentido nuestra vida? ¿Conocemos su significado? ¿Sabemos acaso para qué vivimos? ¿Por qué vivimos?

Ana sabe de estas cuestiones. Es periodista, y en su cumpleaños se hizo este mismo planteamiento: "Generalmente, cuando cumples con un cero final, algo te planteas. Te preguntas: ¿qué hago yo en esta vida; para dónde voy, qué quiero hacer y qué estoy haciendo?".

Encontrar la razón de nuestra existencia en este mundo nos da la satisfacción de estar en el camino correcto, y nos brinda la fuerza para continuar, aun en la adversidad. Esta actitud, nos guste o no, supone un gran trabajo interior. No es algo "que me pasa" por accidente, es el resultado de una profunda reflexión y, por lo tanto, de mi absoluta responsabilidad y esfuerzo cotidiano.

Un día Carmen, una abuela de 82 años, fue trasladada a una residencia de ancianos. Al llegar, el enfermero introdujo su silla de ruedas al ascensor y mientras subían al quinto piso Carmen le comentó:

—¿Sabía usted que mi habitación es una de las más bellas, y mi ventana tiene la mejor vista de este lugar?, ¿sabía que aquí pasaré felizmente los últimos momentos de mi vida? Asombrado, el enfermero le preguntó:

—¿Acaso conoce usted este lugar, había estado antes aquí?

—No —contestó la anciana con ternura—. Nunca.

—¿Y cómo sabe lo bella que es su habitación? —insistió el enfermero.

Sabiamente, ella contestó:

—Es porque lo decidí desde el día que me enteré de que vendría aquí. Decidí entonces que este sería un lugar hermoso y que terminaría aquí feliz el resto de mis días.

Esta es, para mí, la fórmula de la felicidad: *decidir* ser feliz. Por eso debemos elegir cómo vamos a sentirnos en cada momento para no dejar esa gran elección en manos de los demás. Y en esta posibilidad de elección, poder elegir también en libertad nuestro propio rumbo. Porque solo cuando lo hayamos hecho, transitaremos el camino correcto, y será el correcto porque nosotros lo hemos elegido. Lo correcto en nuestra vida no es "acertar" el camino, sino precisamente realizar esa importante elección, ya que nuestra felicidad dependerá no tanto de adónde nos lleve sino de cómo lo transitemos.

Esa felicidad es independiente de cualquier alegría o estado de plenitud temporal, como muchos sostienen. Porque me es posible sentirme hoy feliz por el solo hecho de saberme en el camino correcto y haciendo lo que tiene sentido para mí, aunque quizás no esté particularmente alegre en este preciso momento. Por lo dicho, puedo sentirme feliz sin estar alegre, así como, a la inversa, llegar a estar muy alegre sin por eso ser feliz.

La felicidad no es un estado de plenitud expresiva en donde tenga que estar con una sonrisa todo el tiempo, sino que es posible que esté luchando por mis sueños y esté sufriendo un poco y, sin embargo, sea feliz. Porque, como dice Stephen Covey, la felicidad, por lo menos en parte, puede definirse como el fruto del deseo y la aptitud para sacrificar lo que queremos "ahora" por lo que queremos "finalmente".

El hombre actual es un ser en continuo movimiento intelectual. Se pregunta constantemente: ¿cómo ser feliz en un mundo de dificultades y obstáculos que me impiden transitar en paz y armonía mi camino?

El desafío será entender que esa felicidad anhelada está en la forma en que vivamos nuestro camino, y no en la efímera y embriagadora alegría ocasional. Por ello, no esperemos llegar a la cima para disfrutar; más bien gocemos del trayecto. Porque como dice el catedrático cubano Julio César Peñalver: "La felicidad es un trayecto, no un destino".

4. Sé el testigo de tu vida

La cosa más básica a recordar es que cuando te sientas bien, en un estado de éxtasis, no debes pensar que será un estado permanente. Vive el momento tan alegremente, tan animadamente como puedas, sabiendo muy bien que ha venido y se irá, como la brisa que entra en tu casa, con toda su fragancia y frescor, y sale por la otra puerta.

Esto es lo fundamental. Si piensas que puedes hacer que tus momentos de éxtasis sean permanentes, ya has empezado a destruirlos. Cuando vengan, agradécelos; cuando se vayan, siéntete agradecido a la existencia. Permanece abierto. Ocurrirá muchas veces; no enjuicies, no seas un elector. Continúa libre de elecciones. Sí, habrá momentos en los que te sentirás desgraciado. ¿Y qué? Hay personas que se sienten desgraciadas y no han conocido ni un momento de éxtasis; tú eres afortunado. Incluso en medio de tu desgracia, recuerda que no va a ser permanente, también pasará; por eso no dejes que te altere demasiado. Permanece sereno.

Como el día y la noche, hay momentos de alegría y momentos de tristeza; acéptalos como parte de la dualidad de la naturaleza, son la naturaleza misma de las cosas. Y simplemente eres un observador: no te conviertes ni en la felicidad ni en la desgracia. La felicidad viene y se va, la desgracia viene y se va. Pero hay algo que siempre está allí —siempre y en todo momento— y ese es el observador, el testigo.

Poco a poco avanza centrándote más en el observador. Vendrán días y vendrán noches... vendrán vidas y vendrán muertes... vendrán éxitos y fracasos. Pero si permaneces centrado en el observador —porque es la única realidad en ti—, todo es un fenómeno pasajero.

Solo por un momento trata de sentir lo que te digo: simplemente sé un testigo...

No te aferres a ningún momento porque es hermoso ni alejes de ti ningún momento porque es desgraciado. El único modo de ir más allá, de permanecer más allá, es encontrar el lugar desde el que puedes observar todos estos fenómenos cambiantes sin identificarte.

> Un rey dijo a los sabios de la corte:
> —Me estoy fabricando un precioso anillo. He conseguido uno de los mejores diamantes existentes. Quiero guardar oculto dentro del anillo algún mensaje que pueda ayudarme en momentos de desesperación total. Tiene que ser muy pequeño, de manera que quepa escondido debajo del diamante del anillo.
> Todos ellos eran sabios, grandes eruditos. Podrían haber escrito grandes tratados, pero darle un mensaje de no más de dos o tres palabras que pudiera ayudarlo en momen-

tos de desesperación total... Pensaron, buscaron en sus libros, y no podían encontrar nada.

El rey tenía un anciano sirviente que era casi como su padre; también había sido sirviente de su padre. La madre del rey había muerto pronto y este sirviente cuidó de él, por eso lo trataba como si fuera de la familia. El rey sentía un inmenso respeto por él. El anciano le dijo:

—No soy un sabio, un erudito, un académico, pero conozco el mensaje, porque solo hay un mensaje. Y esas personas no podrán dártelo; solo podrá hacerlo un místico, un hombre que haya alcanzado la realización. Durante mi larga vida en palacio, he visto todo tipo de gente, y en una ocasión me encontré con un místico. Era invitado de tu padre y me destinaron a su servicio. Cuando se iba, como gesto de agradecimiento por mis servicios, me dio este mensaje —lo escribió en un papel, lo dobló y se lo dio al rey—. No lo leas, mantenlo escondido en el anillo. Ábrelo solo cuando todo lo demás haya fracasado, cuando no encuentres salida a la situación.

Ese momento no tardó en llegar. El país fue invadido y el rey perdió el reino. Estaba huyendo en su caballo para salvar la vida mientras sus enemigos lo perseguían. Se encontraba solo y los perseguidores eran numerosos. Y llegó a un lugar donde el camino no continuaba, no había salida: del otro lado había un precipicio y un profundo valle. Caer por él sería el fin. Imposible volver, el enemigo le cerraba el paso y ya oía el trotar de sus caballos. No podía seguir hacia delante, y no existía ningún otro camino...

De repente se acordó del anillo. Lo abrió, sacó el papel y allí encontró un pequeño mensaje tremendamente valioso. Simplemente decía: "Esto también pasará".

Y aquello pasó. Todas las cosas pasan; nada permanece en este mundo. Los enemigos que lo perseguían deberían de haber perdido en el bosque o equivocado de camino porque poco a poco dejó de oír el trote de los caballos.

El rey se sentía tremendamente agradecido al sirviente y al místico desconocido. Aquellas palabras habían resultado milagrosas. Dobló el papel, lo volvió a poner en el anillo, reunió a sus ejércitos y reconquistó el reino. Y el día que entró victorioso a la capital hubo una gran celebración con música, bailes..., y él se sintió muy orgulloso de sí mismo. El anciano sirviente se encontraba a su lado y le dijo:

—Este momento también es adecuado: vuelve a mirar al mensaje.

—¿Qué quieres decir? —preguntó el rey—. Ahora estoy victorioso, la gente celebra mi vuelta, no estoy desesperado, no me encuentro en una situación sin salida.

—Escucha —dijo el anciano—, esto es lo que me dijo el santo: este mensaje no es solo para situaciones desesperadas, también es para las situaciones placenteras. No es solo para cuando estás derrotado, también es para cuando te sientes victorioso; no solo para cuando eres el último, también para cuando eres el primero.

El rey abrió el anillo y leyó el mensaje: "Esto también pasará", y de repente se apoderó de él la misma paz, el mismo silencio, en medio de la muchedumbre que se regocijaba, que celebraba, que bailaba... El orgullo, el ego había desaparecido. Todo pasa.

Pidió al anciano sirviente que viniera a su carruaje y se sentara junto a él.

—¿Hay algo más? —le preguntó—. Todo pasa... Tu mensaje me ha sido de gran ayuda.

Lo tercero que dijo el santo fue: —Recuerda que todo pasa. Solo quedas tú; tú permaneces por siempre como testigo.

Todo pasa, pero tú permaneces. Tú eres la realidad; todo lo demás solo es un sueño. Hay sueños muy hermosos, hay pesadillas... pero no importa que se trate de un sueño precioso o de una pesadilla; lo importante es la persona que está viendo el sueño. Esa es la única realidad.

FINAL

Lograr nuestro **equilibrio personal** no es tarea sencilla, ya que supone mucho sacrificio, dolor, tentativas frustradas y errores. El proceso de **entrenamiento** depende, muchas veces, de identificar primero qué queremos para nuestra vida.

Y este proceso de autoanálisis y reflexión personal nos servirá para aclarar nuestros objetivos y encaminar nuestro rumbo.

¿Qué nos apasiona? ¿Cuál es nuestro sueño? ¿Cómo lograrlo? ¿Cuáles son nuestros valores y fortalezas? ¿Cuáles nuestras debilidades?

Seamos valientes y sigamos adelante repitiendo en voz alta nuestro objetivo, apretando los dientes cuando sea necesario, y actuando con solidez de principios.

Porque el hecho de que debamos luchar y sufrir para alcanzar nuestros sueños, no es motivo para aminorar la marcha o sentirnos abatidos. Todo lo valioso de esta vida supone perseverancia y sacrificio, y es ese camino de continua superación el que da sabor a nuestra existencia.

Lo importante de este libro y el proceso de **liderazgo personal** que supone no son las respuestas a las preguntas formuladas, sino la propuesta de descubrir la verdad por nosotros mismos mediante una constante investigación. Esto implica no quedar presos de ninguna creencia, de ningún sistema de pensamiento, porque estar satisfechos con una sola respuesta limita nuestra mente.

Es esencial entonces, que no aceptemos sin reflexión lo que en este libro se plantea; lo importante para nuestro crecimiento es que cuestionemos, y *nos* cuestionemos de manera constante, todos los postulados que las distintas claves formulan.

Solo así comenzaremos a descubrir, por nosotros mismos, lo que para cada uno es el verdadero significado de la vida.

DESPEDIDA

Espero simplemente haber aportado algunas ideas en esta difícil tarea de intentar entender la vida. Y digo *algunas* ideas, ya que nuestra vida es como un libro sin final. Es algo que debemos concluir nosotros mismos; no depende de nadie más. Es así de simple: el camino que debemos seguir está abierto, solo falta que queramos transitarlo.

Por ello, si alguna frase, aforismo o pensamiento te ha resultado revelador o ha llegado a la profundidad de tu ser, sería interesante escribirlo en un buen tamaño de letra. Luego, buscar un lugar visible donde no moleste, y colgarlo ahí. Será bueno leerlo regularmente y analizar su mensaje a fin de grabarlo en el subconsciente. Estos **mensajes**, la mayoría de las veces, resultan motivadores perfectos para la acción. ¡Haz la prueba!

Finalmente, lo que pretendo que hagas con las **claves** contenidas en este libro es que las pongas **en práctica**; no que digas: "Tiene razón". Porque en el fondo de nuestro corazón todos sentimos lo mismo, y conocemos muy bien estas enseñanzas. La pregunta es: ¿por qué no las practicamos? ¡Empieza ahora mismo!

Espero que me escribas a mi correo personal para hacerme los comentarios que desees con respecto al libro y al proceso de liderazgo personal que expongo. Y en especial, espero que me cuentes acerca de los resultados que hayas obtenido con la utilización y el empleo de las **siete prácticas**.

Saludos, y gracias por tu tiempo.

Alfredo Diez
ad@alfredodiez.com
www.alfredodiez.com

BIBLIOGRAFÍA

Desearía realizar un especial homenaje a todos los autores que, con sus conocimientos y trabajos, me han ayudado a hacer de este un libro mejor:

Albion, M.: *Vivir y ganarse la vida*. Amat, Barcelona, 2002.

Bradberry, Travis, Greave, Jean: *The Emotional Intelligence Quick Book*. Fireside, New York, NY, 2007.

Chopra, Deepak: *Las Siete Leyes Espirituales del Éxito*. EDAF, Madrid, 2002, 17ª edición.

Covey, S. R.: *Los 7 hábitos de la gente altamente efectiva*. Paidós, Argentina, 2001.

Delgado Orea, J.: *La historia de mi nacimiento*. MTM editores, Barcelona, 2002.

Demartini, J. F.: *Dar gracias a la vida*. Urano, Barcelona, 2003.

De Saint-Exupéry, A.: *El Principito*. Emecé, Argentina, 2003, 39ª reimpresión.

Marinoff, L.: *Más Platón y menos Prozac*. Ediciones B, Barcelona, 2002.

Frankl, V.: *El hombre en busca de sentido*. Herder, Barcelona, 2001, 21ª edición.

Hunter, J. C.: *La paradoja, un relato sobre la esencia del liderazgo*. Urano, Barcelona, 1999, 8ª edición.

Krishnamurti, J.: *El arte de vivir*. Kairós, Barcelona, 2002, 6ª edición.

Matthews, A.: *Sigue los dictados de tu corazón*. Ediciones Oniro, Barcelona, 1999.

Tagore, R.: *El camino espiritual*. Errepar, Argentina, 1999.

A todos ellos mis respetos y reconocimiento por sus excelentes trabajos.

Este libro se terminó de imprimir en el mes de octubre de 2012,
en Arcángel Maggio S.A.
Lafayette 1695 - Buenos Aires - Argentina

www.ingramcontent.com/pod-product-compliance
Lightning Source LLC
Chambersburg PA
CBHW060021210326
41520CB00009B/958